DESIGN PARA QUEM NÃO É DESIGNER

4ª edição

Princípios de design e tipografia para iniciantes

Robin Williams

Tradução de
Bárbara Menezes

callis

4ª edição, 2013
6ª reimpressão, 2024

Título original: *The non-designer's design book*
Traduzido da terceira edição em inglês, publicada originalmente em 2008
pela Pearson Education inc., selo editorial da Peachpit Press

TEXTO ADEQUADO ÀS REGRAS DO NOVO ACORDO ORTOGRÁFICO DA LÍNGUA PORTUGUESA

Coordenação editorial: Miriam Gabbai
Tradução: Bárbara Menezes
Revisão: Aline T.K.M. e Ricardo N. Barreiros
Diagramação: Idenize Alves, Ivan Coluchi e Thiago Nieri

CIP-BRASIL. CATALOGAÇÃO-NA-FONTE
SINDICATO NACIONAL DOS EDITORES DE LIVROS, RJ

W691d
4.ed.

Williams, Robin, 1953-
Design para quem não é designer : princípios de design e tipografia para iniciantes / [texto e ilustrações Robin Williams ; tradução Bárbara Menezes]. - 4. ed. - São Paulo : Callis Ed., 2013.
216 p. : il. ; 25 cm

Tradução de: *The non-designer's design book*
ISBN 978-85-7416-836-4

1. Layout (Impressão) - Manuais, guias, etc. 2. Projeto gráfico (Tipografia). 3. Artes gráficas. I. Título.

13-1558. CDD: 686.2252
CDU: 655.26

12.03.13 13.03.13 043388

ISBN 978-85-7416-836-4

Impresso no Brasil

2024
Callis Editora Ltda.
Rua Oscar Freire, 379, 6º andar • 01426-001 • São Paulo • SP
Tel.: (11) 3068-5600 • Fax: (11) 3088-3133
www.callis.com.br • vendas@callis.com.br

Para Carmen Sheldon,
minha companheira no
design, minha amiga na
vida. Com muito amor,
R.

Mais coisas são impressas e publicadas hoje em dia do que já foram antes e todo editor de uma propaganda, panfleto ou livro espera que seu material seja lido. Editores e, principalmente, leitores querem que os assuntos mais importantes sejam apresentados com clareza. Eles não vão se interessar por nada que seja complicado de ler, mas acham agradável o que parece claro e bem-arrumado, pois a sua tarefa de entender fica mais fácil. Por esse motivo, o que é importante deve ser destacado e o que não é importante, minimizado...
A técnica da tipografia moderna também tem de se adaptar à velocidade dos nossos tempos. Hoje, não podemos gastar tanto tempo lendo um cabeçalho ou qualquer outro textinho como era possível na década de 1890.

Jan Tschichold 1935

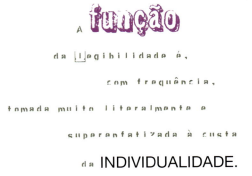

A **função** da legibilidade é, com frequência, tomada muito literalmente e superenfatizada à custa da INDIVIDUALIDADE.

Paul Rand 1914 • 1996

fontes
Miss Fajardose
Garamond Premier Pro Regular
e Italic
Type Embellishments One

fontes
Flyswim
Schablone Rough
Helvetica Regular
Schablone Labelrough Positive

Sumário

Design com fontes

Extras

É horrível.
Herb Lubalin

Mas é adequado?
Edward Gottschall

Este livro é para você?

Este livro foi escrito para todas as pessoas que precisam cuidar do design de páginas, mas não têm formação ou treinamento formal em design. Não falo apenas daqueles que criam embalagens rebuscadas ou folhetos longos. Falo dos assistentes cujos patrões agora lhes pedem para criar informativos, voluntários de igrejas que fornecem informações para as congregações, proprietários de pequenas empresas que fazem suas próprias propagandas, alunos que entendem que um trabalho bonito com frequência ganha uma nota melhor, profissionais que sabem que uma apresentação mais atraente gera mais respeito, professores que aprenderam que os alunos reagem de forma mais positiva a informações bem-apresentadas, estatísticos que percebem que números e estatísticas podem ser organizados de uma maneira que convide à leitura e não ao sono, e assim por diante.

Este livro parte do pressuposto de que você não tem o tempo ou o interesse para estudar design e tipografia, mas gostaria de saber como deixar suas páginas mais bonitas. Bem, a premissa deste livro é antiga: saber é poder. A maioria das pessoas pode olhar para uma página com um design ruim e afirmar que não gostam dela, mas não sabem exatamente o que consertar. Aqui, eu apontarei os quatro conceitos básicos que são usados em praticamente todos os trabalhos com um bom design. Esses conceitos são claros e concretos. Se você não sabe o que está errado, como pode arrumar? Depois de reconhecer esses conceitos, você verá se eles foram ou não aplicados às suas páginas. *Se souber apontar o problema, você poderá achar a solução.*

Este livro não tem a intenção de substituir os quatro anos de uma escola de design. Não tenho a pretensão de que você se torne um designer brilhante automaticamente após ler este livro. Porém, garanto que nunca mais olhará para uma página da mesma maneira. Garanto que, se você seguir esses princípios básicos, seu trabalho terá uma aparência mais profissional, organizada, unificada e interessante. E você se sentirá poderoso.

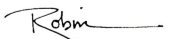

Carinhosamente, Robin

A epifania da iúca

Este breve capítulo explica os **quatro princípios básicos** em termos gerais, que serão explicados em detalhes nos capítulos seguintes. Porém, em primeiro lugar, quero contar uma historinha que me fez perceber a importância de sermos capazes de dar nome às coisas, já que *nomear* esses princípios é a chave para conseguir dominá-los.

Muitos anos atrás, eu ganhei no Natal um livro que ensinava a identificar árvores. Eu estava na casa dos meus pais e, depois de todos os presentes terem sido abertos, decidi identificar as árvores do bairro. Antes de sair, li uma parte do livro. A primeira árvore dele era a iúca, porque são necessárias apenas duas dicas para identificá-la. Bem, a iúca é muito esquisita e eu olhei para a imagem e pensei: "poxa, não temos esse tipo de árvore aqui no norte da Califórnia. Ela é estranha. Eu saberia se a tivesse visto e nunca vi uma antes."

Assim, peguei o livro e saí. Meus pais moravam no bolsão de uma rua sem saída com seis casas. Quatro dessas casas tinham iúcas no quintal da frente. Eu morei naquele lugar por 13 anos e nunca vira uma iúca. Dei uma volta no quarteirão e deve ter havido uma liquidação na loja de plantas quando todos estavam decorando seus novos lares; pelo menos 80% das residências tinham aquelas árvores no quintal da frente. *E eu nunca vi uma antes!* Depois que soube da existência da árvore – depois que fui capaz de nomeá-la –, eu a vi por toda parte. É exatamente aí que quero chegar: depois que você aprende a dar nome a uma coisa, você tem consciência da existência dela. Você pode dominá-la. Você manda nela. Você tem o controle.

Portanto, agora você aprenderá os nomes de diversos princípios de design. E terá controle sobre suas páginas.

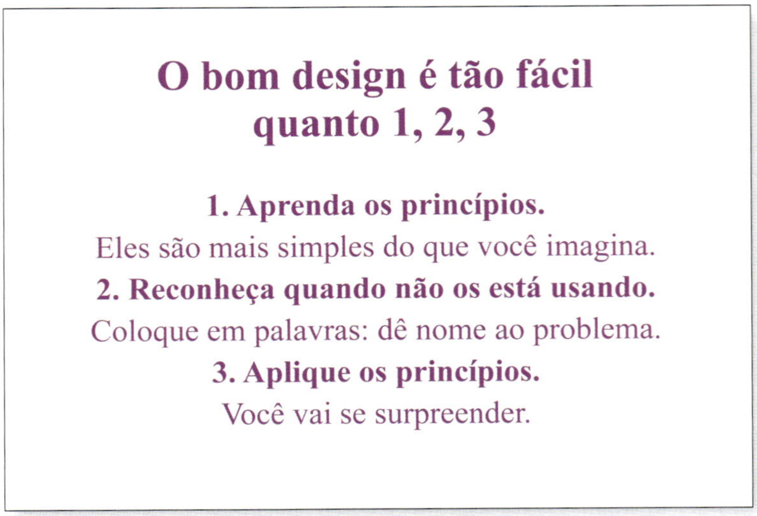
O bom design é tão fácil
quanto 1, 2, 3
1. Aprenda os princípios.
Eles são mais simples do que você imagina.
2. Reconheça quando não os está usando.
Coloque em palavras: dê nome ao problema.
3. Aplique os princípios.
Você vai se surpreender.

fontes
Times New Roman Regular
e **Bold**

O bom design
é tão fácil quanto . . .
1
Aprenda os princípios.
Eles são mais simples do que você imagina.
2
Reconheça quando não os está usando.
Coloque em palavras: dê nome ao problema.
3
Aplique os princípios.
Você vai se surpreender.

fontes
Univers 75 Black
Univers 65 Bold
Cochin Italic
Potrzebie (números)

Os quatro princípios básicos

A seguir, temos uma breve visão geral dos princípios básicos do design que aparecem em todos os trabalhos bem diagramados. Embora eu discuta cada um desses princípios separadamente, lembre-se de que eles são interligados. É raro apenas um ser aplicado.

Contraste

A ideia por trás do contraste é evitar elementos na página que sejam apenas *semelhantes*. Se os elementos (fonte, cor, tamanho, espessura da linha, forma, espaço etc.) não forem *iguais*, então você deve deixá-los **bem diferentes.** O contraste é geralmente o mais importante atrativo visual de uma página, é o que faz o leitor olhar para ela em primeiro lugar.

Repetição

Repita elementos visuais do design por toda a peça. Você pode repetir cores, formas, texturas, relações de espaço, espessura das linhas, fontes, tamanhos, conceitos gráficos etc. Isso aumenta a organização e fortalece a unidade.

Alinhamento

Nada deve ser colocado na página de maneira arbitrária. Todo elemento precisa ter alguma conexão visual com outro elemento da página. Isso cria um visual limpo, sofisticado e renovado.

Proximidade

Itens relacionados uns com os outros devem ser agrupados. Quando vários itens estão próximos, eles se tornam uma unidade visual em vez de diversas unidades separadas. Isso ajuda a organizar as informações, reduz a confusão e dá ao leitor uma estrutura clara.

Hum...

Quando eu estava reunindo esses quatro princípios básicos do vasto labirinto da teoria do design, eu pensei que deveria haver uma sigla adequada e fácil de memorizar para essas ideias conceituais, que ajudaria as pessoas a se lembrarem delas. Bem, hum, há uma sigla fácil de memorizar – mas muito inadequada*. Desculpem-me.

N. do T.: Em inglês, a sigla seria CRAP, uma palavra vulgar usada para qualificar o que é ruim e também uma maneira obscena de chamar as fezes.

A boa
comunicação
é tão
estimulante
quanto café preto . . .

e nos
tira o sono
com a mesma força.

ANNE MORROW LINDBERGH

fontes
Mona Lisa Solid
Escalido Gothico

Proximidade

É muito comum, no trabalho de designers iniciantes, as palavras, frases e imagens aparecerem por toda parte, preenchendo cantos e ocupando muito espaço, para que não sobrem espaços em branco. Parece haver um medo do espaço em branco. Quando elementos de um design ficam espalhados, a página parece desorganizada e as informações podem não estar imediatamente acessíveis para o leitor.

O Princípio da Proximidade de Robin afirma que devemos **agrupar itens relacionados,** aproximá-los fisicamente, para que sejam vistos como um grupo coeso em vez de um monte de pedaços sem relação.

Itens ou grupos de informações que *não* estejam relacionados *não* devem estar próximos, o que dá ao leitor uma dica visual imediata da organização e do conteúdo da página.

Um exemplo muito simples ilustra esse conceito. Na lista abaixo, no lado esquerdo, o que você imagina sobre todas essas flores? Provavelmente, que elas têm algo em comum, certo? Na lista à direita, o que você imagina? Parece que as últimas quatro flores são diferentes das outras. Você entende isso *instantaneamente.* E sem ter consciência de que entendeu. Você *sabe* que as últimas quatro flores são diferentes *porque elas estão fisicamente separadas do resto da lista.* Esse é o conceito da proximidade: em uma página (como na vida), **a proximidade física indica uma relação.**

Minhas flores

Calêndula
Amor-perfeito
Crisântemo
Madressilva
Margarida
Primavera
Cravo
Prímula
Violeta
Rosa

Minhas flores

Calêndula
Amor-perfeito
Crisântemo
Madressilva
Margarida
Primavera

Cravo
Prímula
Violeta
Rosa

fontes
Spring Regular
Formata Light

Observe o *layout* clássico dos cartões de visita abaixo. Quantos elementos separados você vê neste espaço pequeno? Ou seja, quantas vezes seu olhar para sobre alguma coisa?

O seu olhar parou cinco vezes? É claro, há cinco itens separados nesse pequeno cartão.

Onde você começa a ler? No meio, provavelmente, porque ele tem as palavras em negrito.

O que você lê em seguida? Da esquerda para a direita (porque está em português)?

O que acontece quando você chega ao canto inferior direito? Para onde vai o seu olhar?

Você ficou lendo outras vezes para ter certeza de que não deixou passar nenhum canto?

E se eu confundir ainda mais?

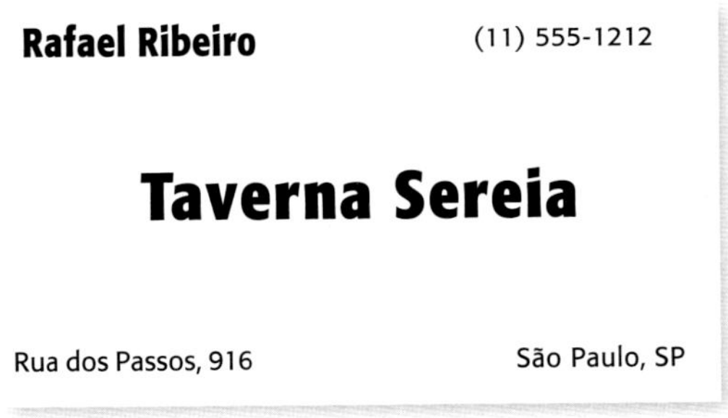

Agora que há duas frases em negrito, por onde você começa? Pelo canto superior esquerdo? Pelo centro?

Depois de ler esses dois itens, para onde você vai? Talvez seu olhar fique indo e vindo entre as palavras em negrito, tentando, nervoso, absorver também as informações nos cantos.

Você sabe quando acabou de ler?

O seu amigo segue o mesmo padrão que você?

Quando vários itens estão próximos uns dos outros, eles se tornam *uma* unidade visual, em vez de várias unidades *separadas*. Como na vida, **a proximidade indica uma relação.**

Ao agrupar elementos similares em uma unidade, diversas coisas acontecem na mesma hora: a página fica mais organizada; você entende onde começar a ler a mensagem e sabe quando terminou; e o "espaço em branco" (o espaço ao redor das letras) automaticamente fica mais organizado também.

Um problema do cartão anterior é que nenhum dos itens parece relacionado a nenhum outro. Não fica claro onde você deve começar a ler e não fica claro quando você termina a leitura.

Se eu fizer uma coisa com esse cartão de visita, **se eu agrupar elementos relacionados, aproximá-los**, veja o que acontece:

Agora há alguma dúvida sobre onde começar a ler o cartão? Para onde seu olhar vai depois? Você sabe quando terminou de ler?

Com esse simples conceito, esse cartão agora está organizado em termos **intelectuais** e **visuais**. E, assim, ele comunica com mais clareza.

fontes
Formata Light
Formata Bold Condensed

Abaixo, temos um típico cabeçalho de informativo. Quantos elementos separados existem nesta peça? Algum item de informação parece ter relação com outro, com base na localização?

Tire um tempo para decidir quais itens devem ser agrupados e quais devem ser separados.

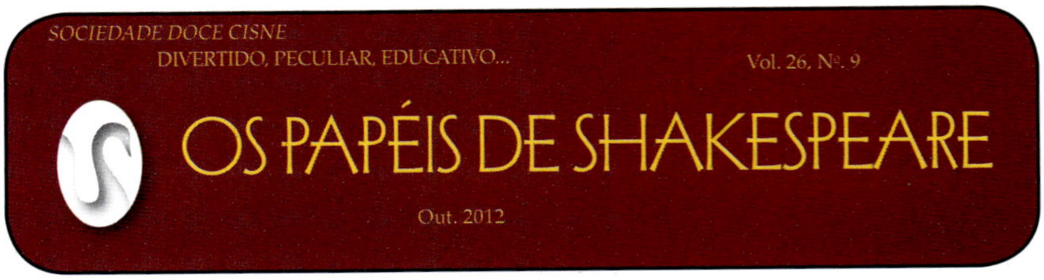

fontes
Palatino Light
e Italic
Wade Sans Light

Os dois itens no canto superior esquerdo estão próximos uns dos outros, indicando uma relação. Mas **deveriam** ter essa relação? É a sociedade que é divertida e peculiar ou "Os papéis de Shakespeare"?

E o número do volume e a data? Deveriam estar juntos, já que os dois indicam essa edição em particular?

No exemplo abaixo, as relações adequadas foram estabelecidas.

Perceba que eu fiz mais algumas mudanças:

Mudei tudo de caixa alta para caixa baixa com as letras maiúsculas certas, o que me deu espaço para aumentar o título e usar uma letra mais grossa.

Mudei os cantos de arredondados para retos, dando à peça um visual mais limpo e forte.

Aumentei o cisne e o sobrepus à borda. Não seja covarde.

Como o texto vai "sair" do fundo escuro, eu troquei a fonte pequena para Trebuchet, para que não borrasse na impressão.

Quando você cria um *flyer*, um folheto, um informativo ou outro material, já sabe quais informações têm ligação lógica, sabe quais informações devem ser enfatizadas e o que pode ser atenuado. Expresse essa mensagem graficamente pelo agrupamento.

Correspondências
Flores, ervas, árvores, ervas daninhas
Personagens históricos da Grécia e Roma Antigas
Citações sobre temas
Mulheres
Morte
Manhã
Cobras
Linguagem
Pentâmetro iâmbico
Recursos de retórica
Recursos poéticos
Primeiras linhas
Coleções
Pequenas impressões
Elementos *kitsch*
Ornamentos gráficos
Temática
Vilãos e santos
Bebidas e receitas
Música
Testes
Testes divertidos, mas difíceis

Obviamente, essa lista precisa de formatação para ficar compreensível. Porém, o maior problema com ela é que todos os elementos estão próximos e, assim, não há como enxergar as relações ou a organização.

Correspondências
Flores, ervas, árvores, ervas daninhas
Personagens históricos da Grécia e Roma Antigas

Citações sobre temas
Mulheres
Morte
Manhã
Cobras

Linguagem
Pentâmetro iâmbico
Recursos de retórica
Recursos poéticos
Primeiras linhas

Coleções
Pequenas impressões
Elementos *kitsch*
Ornamentos gráficos

Temática
Vilãos e santos
Bebidas e receitas
Música

Testes
Testes divertidos, mas difíceis

fontes
Warnock Pro Light
e Bold
Formata Bold

A mesma lista foi visualmente separada em grupos. Tenho certeza de que você já faz isso automaticamente, estou apenas sugerindo que passe a fazê-lo com **consciência** e, assim, com mais poder.

Repare que eu acrescentei um pouco de **contraste** nos títulos e **repeti** esse contraste.

Às vezes, ao aproximar os itens, temos de fazer algumas mudanças, como o tamanho, peso ou colocação dos textos ou imagens. O corpo da mensagem (a parte maior de texto) não precisa estar em fonte tamanho 12! Informações complementares à informação principal, como o número e o ano de um informativo, podem, com frequência, estar em tamanhos tão pequenos quanto 7 ou 8.

Clube da Sexta-feira

Programação de leituras de inverno

Sexta-feira, 1º de novembro às 17h, *Cimbelino*
Nesse drama cheio de ação, a forte e sincera heroína,
Imogen, veste-se como garoto e parte para uma
caverna no País de Gales para não se casar com um
homem que odeia.
Sexta-feira, 6 de dezembro às 17h, *Conto de inverno*
A gloriosa Paulina e a imperturbável Hermione
mantêm um segredo durante 16 anos, até que o
Oráculo de Delfos prova estar certo e a filha perdida
reaparece.
Todas as leituras serão feitas na Taverna Sereia,
no Grande Hall. Patrocínio do Programa de Educação
da Comunidade. Ingressos a R$ 10,00 e R$ 8,00
Para informações sobre ingressos, ligue para 555-1212
Também na sexta-feira, 3 de janeiro às 17h, *Noite de reis*
Junte-se a nós para ver Olivia sobreviver a um
naufrágio, vestir-se como homem, arrumar um
emprego e descobrir um homem e uma mulher
apaixonados por ela.

fontes
Anna Nicole
Formata Regular

Essa página não só é chata de olhar (nada atrai seus olhos no corpo da mensagem), mas é difícil achar as informações: exatamente o que vai acontecer, onde, quando... O fato de a informação ser apresentada sem consistência não ajuda.

Por exemplo, quantas leituras existem na série?

A ideia de proximidade não significa que *tudo* está junto, apenas que os elementos *intelectualmente ligados*, aqueles que têm algum tipo de relação de comunicação, também devem estar *visualmente ligados*. Outros elementos ou grupos de elementos *não* devem estar próximos. A aproximação *ou* falta dela indica a relação.

Clube da Sexta-feira

Programação de leituras de inverno

Cimbelino

Nesse drama cheio de ação, a forte e sincera heroína, Imogen, veste-se como garoto e parte para uma caverna no País de Gales para não se casar com um homem que odeia.

1º DE NOVEMBRO · SEXTA-FEIRA · 17H

Conto de inverno

A gloriosa Paulina e a imperturbável Hermione mantêm um segredo durante 16 anos, até que o Oráculo de Delfos prova estar certo e a filha perdida reaparece.

6 DE DEZEMBRO · SEXTA-FEIRA · 17H

Noite de reis

Junte-se a nós para ver Olivia sobreviver a um naufrágio, vestir-se como homem, arrumar um emprego e descobrir um homem e uma mulher apaixonados por ela.

3 DE JANEIRO · SEXTA-FEIRA · 17H

TAVERNA SEREIA
Todas as leituras serão feitas na Taverna Sereia, no Grande Hall.
Patrocínio do Programa de Educação da Comunidade.
Ingressos a R$ 10,00 e R$ 8,00
Para informações sobre ingressos, ligue para 555-1212

fontes
Anna Nicole
Formata Regular
e Light Condensed

Quantas leituras existem nessa série?

Em primeiro lugar, agrupei intelectualmente as informações (na minha cabeça ou rabisquei em um papel). Depois, separei fisicamente os textos em grupos na página. Observe que o espaço entre os três títulos é o mesmo, o que indica que esses três grupos estão de alguma forma relacionados.

As informações complementares estão mais distantes. Você sabe **de imediato** que não se trata de mais uma leitura, mesmo que não consiga ver claramente.

Abaixo, há um exemplo similar ao da página anterior. Olhe para ele rapidamente. Agora, o que você supõe a respeito destas três leituras?

E por que você supõe que uma das leituras é diferente das outras? Porque está separada. Você sabe de imediato que esse evento é diferente de alguma forma *por causa das relações de espaço.*

Clube da Sexta-feira

Programação de leituras de verão

Henrique IV, 1ª parte

Ainda tentando chegar à Terra Santa para reparar a morte de Ricardo, Henrique é cercado por muitos problemas, inclusive a libertinagem voluntária de seu filho, Hal. Como estas peças sobre Henrique estão muito ligadas, faremos as leituras delas no mesmo dia.

4 DE JUNHO · SEXTA-FEIRA · 13H

Henrique IV, 2ª parte

Continuamos com a história de Falstaff e Hal. Hal prova ao pai que é um filho de caráter e, com grande tristeza, rejeita seu bom amigo Falstaff.

4 DE JUNHO · SEXTA-FEIRA · 18H

Henrique V

Hal precisa mesmo ser tão cruel com seus amigos? É isso que significa ser rei? Hal, agora Henrique V, entra marchando na França para vencer a Batalha de Agincourt.

8 DE JULHO · SEXTA-FEIRA · 17H

TAVERNA SEREIA

Todas as leituras serão feitas na Taverna Sereia, no Grande Hall.
Patrocínio do Programa de Educação da Comunidade.
Ingressos a R$ 10,00 e R$ 8,00
Para informações sobre ingressos, ligue para 555-1212

É mesmo impressionante a quantidade de informações que coletamos com uma rápida olhada em uma página. Assim, é sua responsabilidade certificar-se de que o leitor receba a informação **certa**.

A intenção do designer com este cartão postal sobre dança provavelmente foi a de criar um material divertido e cheio de energia. Porém, em um primeiro olhar, você sabe dizer quando e onde as aulas serão realizadas?

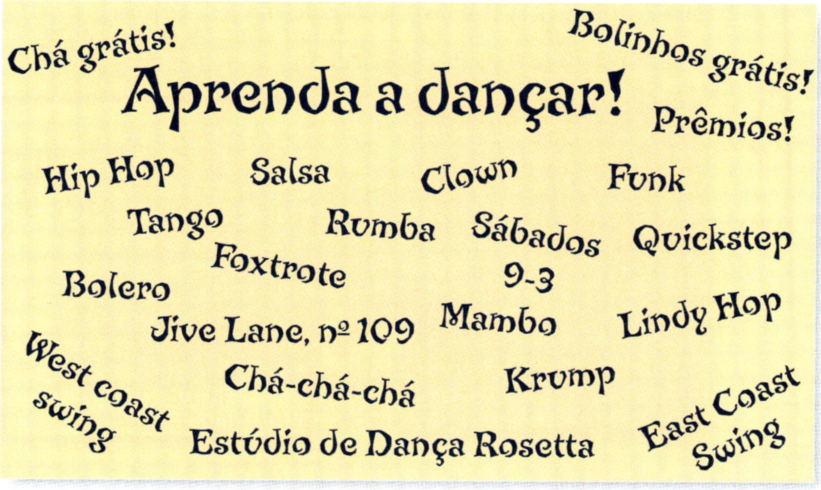

Ao usar o princípio da proximidade para organizar as informações (como é mostrado abaixo), conseguimos comunicar imediatamente quem, o que, quando e onde. Não corremos o risco de perder prováveis clientes porque eles desistem de procurar pelo vasto campo de texto em ângulos inusitados.

Não pense que você deve representar a dança (neste caso) no design. Nesse ponto, se sua escolha está entre a comunicação clara e um design amador, escolha a comunicação clara. Melhorar suas habilidades no design é um processo gradual e **começa com a comunicação clara.**

fonte
Jiggery Pokery

Você provavelmente já usa o princípio da proximidade no seu trabalho, mas pode não o estar aproveitando a ponto de ele ser realmente eficaz. Olhe com atenção para estas páginas, para estes elementos, e defina quais itens *deveriam* ser agrupados.

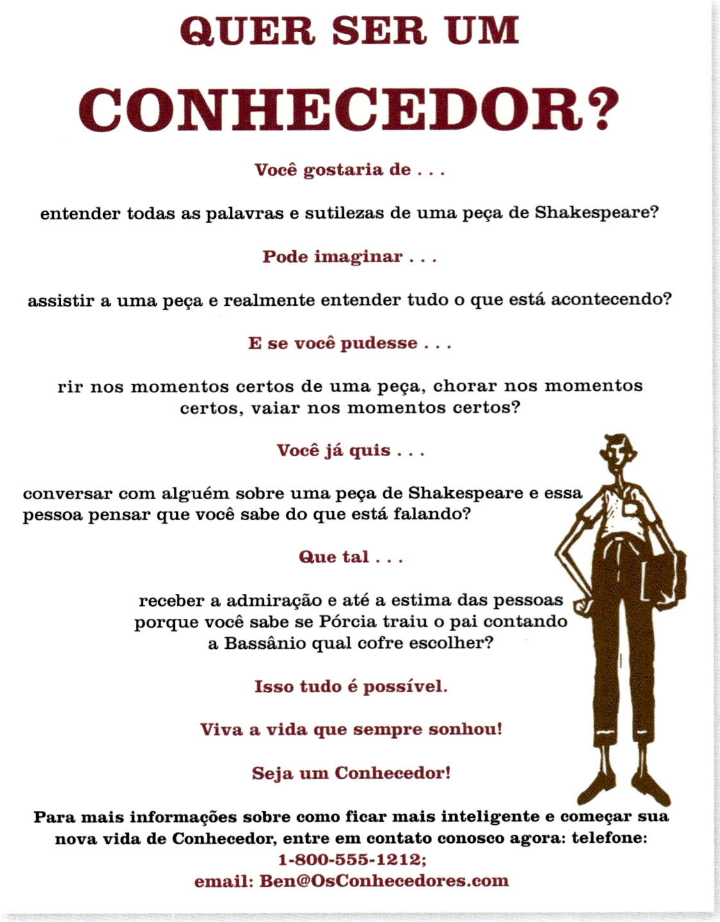
QUER SER UM
CONHECEDOR?
Você gostaria de . . .
entender todas as palavras e sutilezas de uma peça de Shakespeare?
Pode imaginar . . .
assistir a uma peça e realmente entender tudo o que está acontecendo?
E se você pudesse . . .
rir nos momentos certos de uma peça, chorar nos momentos certos, vaiar nos momentos certos?
Você já quis . . .
conversar com alguém sobre uma peça de Shakespeare e essa pessoa pensar que você sabe do que está falando?
Que tal . . .
receber a admiração e até a estima das pessoas porque você sabe se Pórcia traiu o pai contando a Bassânio qual cofre escolher?
Isso tudo é possível.
Viva a vida que sempre sonhou!
Seja um Conhecedor!
Para mais informações sobre como ficar mais inteligente e começar sua nova vida de Conhecedor, entre em contato conosco agora: telefone:
1-800-555-1212;
email: Ben@OsConhecedores.com

fontes
Clarendon Bold e Roman

A pessoa que criou esse pequeno pôster apertou a tecla Enter duas vezes depois de cada título **e** parágrafo. Assim, os títulos têm a mesma distância do texto acima e abaixo, fazendo com que títulos e textos pareçam itens separados e sem ligação. Não sabemos se os títulos pertencem aos textos acima ou abaixo porque as distâncias são as mesmas.

Há muito espaço em branco disponível ali, mas ele está todo quebrado. E há espaço em branco onde não deveria haver, como entre os títulos e seus textos. Quando o espaço em branco está "preso" assim, ele tende a afastar os elementos visualmente.

Agrupe os itens que têm ligação. Se houver áreas na página onde a organização não esteja clara de verdade, veja se os itens estão próximos quando não deveriam estar. Use o recurso de espaço simples para que a página pareça não apenas mais organizada, mas mais bonita.

QUER SER UM
CONHECEDOR?

Você gostaria de . . .
entender todas as palavras e sutilezas de uma peça de Shakespeare?

Pode imaginar . . .
assistir a uma peça e realmente entender tudo o que está acontecendo?

E se você pudesse . . .
rir nos momentos certos de uma peça, chorar nos momentos certos, vaiar nos momentos certos?

Você já quis . . .
conversar com alguém sobre uma peça de Shakespeare e essa pessoa pensar que você sabe do que está falando?

Que tal . . .
receber a admiração e até a estima das pessoas porque você sabe se Pórcia traiu o pai contando a Bassânio qual cofre escolher?

Isso tudo é possível!
Viva a vida que sempre sonhou:
seja um Conhecedor!

Para mais informações sobre como ficar mais inteligente e começar sua nova vida de Conhecedor, entre em contato conosco agora:
1.800.555.1212
Ben@OsConhecedores.com

fontes
Clarendon Bold, Roman, e Light

Se eu fizer apenas uma mudança nessa peça, se aproximar todos os títulos dos parágrafos relacionados a eles, muitas coisas acontecem:

A organização fica mais clara.

O espaço em branco não fica preso entre os elementos.

Parece haver mais espaço na página.

Também coloquei o telefone e o e-mail em linhas separadas (mas agrupados e separados do restante), para que se destaquem como informações importantes.

E é provável que você tenha observado que eu mudei o alinhamento de centralizado para à esquerda (esse é o princípio do **alinhamento**, como será explicado no próximo capítulo), o que criou mais espaço e, assim, pude aumentar a imagem.

A proximidade é, na verdade, apenas uma questão de ter mais consciência, de fazer o que você já faz com naturalidade, mas levando o conceito um pouco adiante. Depois de conhecer a importância das relações entre linhas de texto, você começará a observar o efeito disso. Depois de começar a observar o efeito, você passará a dominá-lo, terá poder sobre ele, estará no controle.

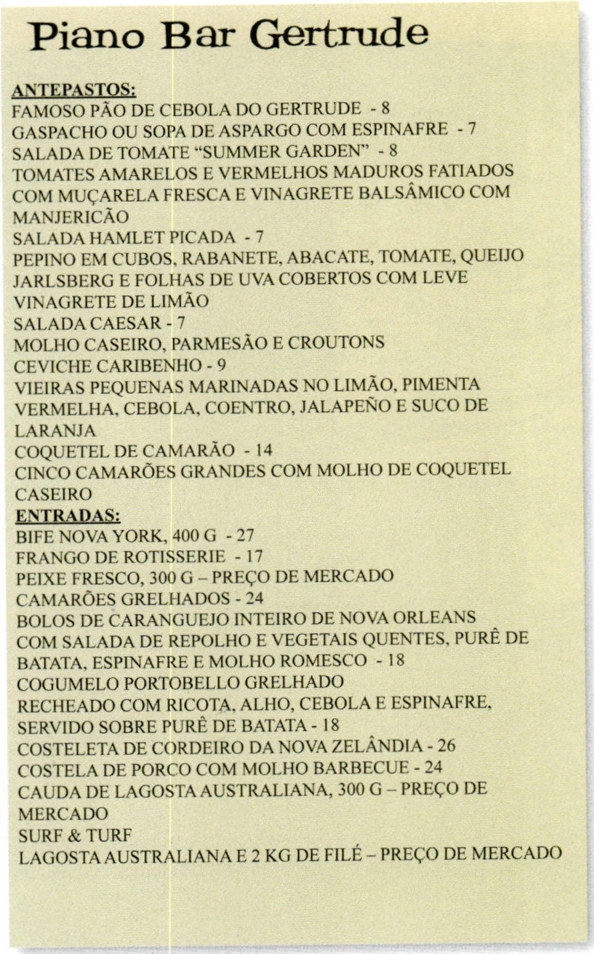

Piano Bar Gertrude

ANTEPASTOS:
FAMOSO PÃO DE CEBOLA DO GERTRUDE - 8
GASPACHO OU SOPA DE ASPARGO COM ESPINAFRE - 7
SALADA DE TOMATE "SUMMER GARDEN" - 8
TOMATES AMARELOS E VERMELHOS MADUROS FATIADOS COM MUÇARELA FRESCA E VINAGRETE BALSÂMICO COM MANJERICÃO
SALADA HAMLET PICADA - 7
PEPINO EM CUBOS, RABANETE, ABACATE, TOMATE, QUEIJO JARLSBERG E FOLHAS DE UVA COBERTOS COM LEVE VINAGRETE DE LIMÃO
SALADA CAESAR - 7
MOLHO CASEIRO, PARMESÃO E CROUTONS
CEVICHE CARIBENHO - 9
VIEIRAS PEQUENAS MARINADAS NO LIMÃO, PIMENTA VERMELHA, CEBOLA, COENTRO, JALAPEÑO E SUCO DE LARANJA
COQUETEL DE CAMARÃO - 14
CINCO CAMARÕES GRANDES COM MOLHO DE COQUETEL CASEIRO
ENTRADAS:
BIFE NOVA YORK, 400 G - 27
FRANGO DE ROTISSERIE - 17
PEIXE FRESCO, 300 G – PREÇO DE MERCADO
CAMARÕES GRELHADOS - 24
BOLOS DE CARANGUEJO INTEIRO DE NOVA ORLEANS COM SALADA DE REPOLHO E VEGETAIS QUENTES, PURÊ DE BATATA, ESPINAFRE E MOLHO ROMESCO - 18
COGUMELO PORTOBELLO GRELHADO
RECHEADO COM RICOTA, ALHO, CEBOLA E ESPINAFRE, SERVIDO SOBRE PURÊ DE BATATA - 18
COSTELETA DE CORDEIRO DA NOVA ZELÂNDIA - 26
COSTELA DE PORCO COM MOLHO BARBECUE - 24
CAUDA DE LAGOSTA AUSTRALIANA, 300 G – PREÇO DE MERCADO
SURF & TURF
LAGOSTA AUSTRALIANA E 2 KG DE FILÉ – PREÇO DE MERCADO

fontes
Potrzebie
Times New Roman

Para que você não pense que nenhum cardápio poderia ser tão ruim assim, saiba que eu o tirei de um restaurante. De verdade. O maior problema, claramente, é que toda a informação é uma grande massa de texto.

Antes de tentar criar um design para esse cardápio, escreva cada bloco de informações que devem ser agrupadas; una os elementos. Você sabe como fazer, basta usar a cabeça.

Depois de definir os grupos de informações, você poderá brincar com eles na página. No computador, teste diversas opções. Aprenda a formatar a página no software que você usa.

No exemplo abaixo, eu coloquei *mais* espaço entre cada item do cardápio. É claro que raramente devemos usar todas as letras maiúsculas, porque são muito difíceis de ler. Por isso, eu mudei para maiúsculas e minúsculas. Também diminuí um pouco a letra. Essas duas ações permitiram muito mais espaço para trabalhar e, assim, coloquei mais espaço entre os elementos.

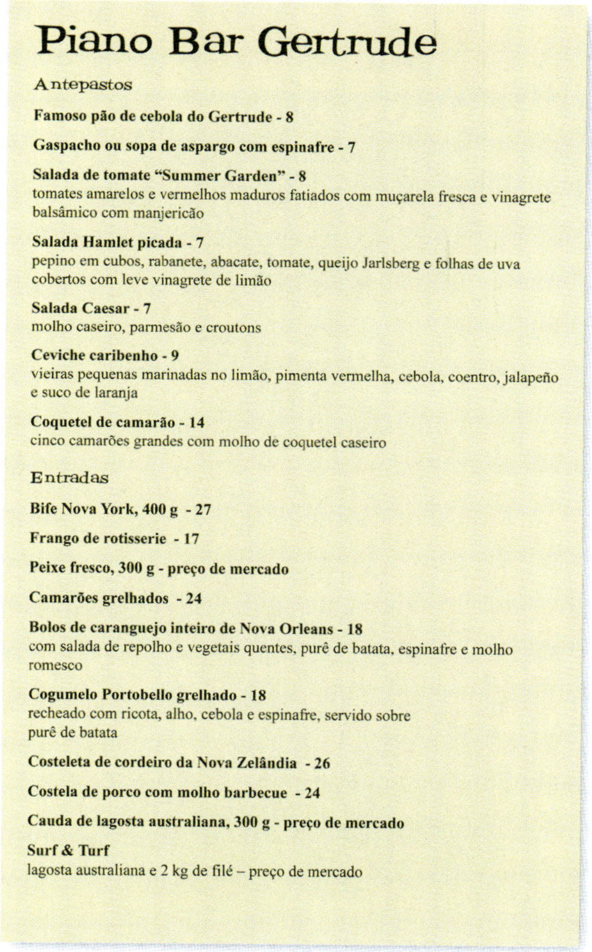

Piano Bar Gertrude

Antepastos

Famoso pão de cebola do Gertrude - 8

Gaspacho ou sopa de aspargo com espinafre - 7

Salada de tomate "Summer Garden" - 8
tomates amarelos e vermelhos maduros fatiados com muçarela fresca e vinagrete balsâmico com manjericão

Salada Hamlet picada - 7
pepino em cubos, rabanete, abacate, tomate, queijo Jarlsberg e folhas de uva cobertos com leve vinagrete de limão

Salada Caesar - 7
molho caseiro, parmesão e croutons

Ceviche caribenho - 9
vieiras pequenas marinadas no limão, pimenta vermelha, cebola, coentro, jalapeño e suco de laranja

Coquetel de camarão - 14
cinco camarões grandes com molho de coquetel caseiro

Entradas

Bife Nova York, 400 g - 27

Frango de rotisserie - 17

Peixe fresco, 300 g - preço de mercado

Camarões grelhados - 24

Bolos de caranguejo inteiro de Nova Orleans - 18
com salada de repolho e vegetais quentes, purê de batata, espinafre e molho romesco

Cogumelo Portobello grelhado - 18
recheado com ricota, alho, cebola e espinafre, servido sobre purê de batata

Costeleta de cordeiro da Nova Zelândia - 26

Costela de porco com molho barbecue - 24

Cauda de lagosta australiana, 300 g - preço de mercado

Surf & Turf
lagosta australiana e 2 kg de filé – preço de mercado

fontes
Potrzebie
Times New Roman Bold
e Regular

O maior problema com o cardápio original é que não há separação das informações. No seu software, aprenda como formatar para ter o espaço exato necessário antes e depois de cada elemento.

O texto original todo em letras maiúsculas ocupava todo o espaço e não sobrava nenhum espaço extra, em branco, para o leitor descansar os olhos. Quanto mais texto você tiver, pior ele ficará em letras maiúsculas. E não há problema em usar uma fonte em um tamanho menor que 12! Acredite!

No exemplo da página anterior, ainda temos um pequeno problema para separar os "Antepastos" e as "Entradas". Vamos recuar cada seção; veja como o espaço extra define melhor os dois grupos e, ainda, comunica com clareza que eles são similares. (Eu também aumentei o tamanho de "Antepastos" e "Entradas", o que faz parte do princípio do contraste.)

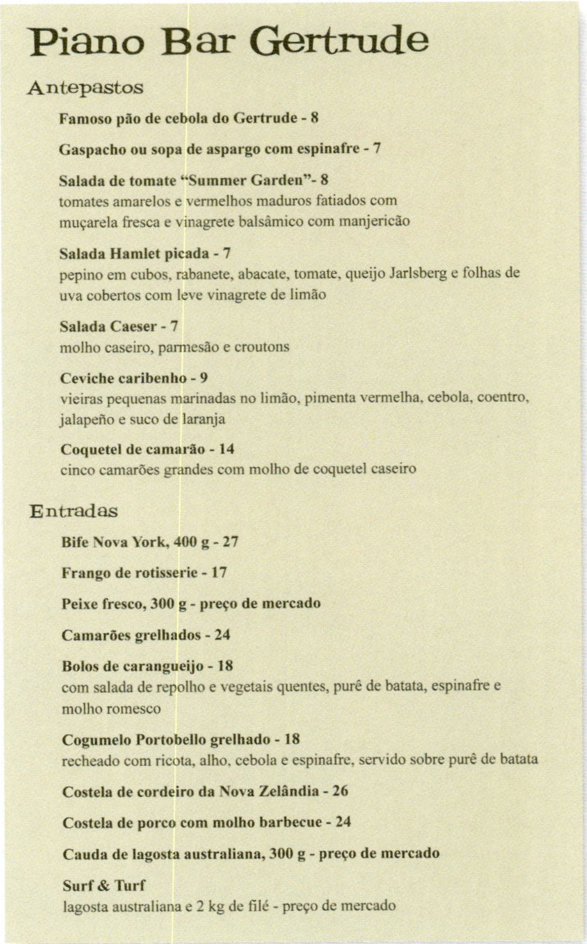

Piano Bar Gertrude

Antepastos

Famoso pão de cebola do Gertrude - 8

Gaspacho ou sopa de aspargo com espinafre - 7

Salada de tomate "Summer Garden"- 8
tomates amarelos e vermelhos maduros fatiados com
muçarela fresca e vinagrete balsâmico com manjericão

Salada Hamlet picada - 7
pepino em cubos, rabanete, abacate, tomate, queijo Jarlsberg e folhas de
uva cobertos com leve vinagrete de limão

Salada Caeser - 7
molho caseiro, parmesão e croutons

Ceviche caribenho - 9
vieiras pequenas marinadas no limão, pimenta vermelha, cebola, coentro,
jalapeño e suco de laranja

Coquetel de camarão - 14
cinco camarões grandes com molho de coquetel caseiro

Entradas

Bife Nova York, 400 g - 27

Frango de rotisserie - 17

Peixe fresco, 300 g - preço de mercado

Camarões grelhados - 24

Bolos de carangueijo - 18
com salada de repolho e vegetais quentes, purê de batata, espinafre e
molho romesco

Cogumelo Portobello grelhado - 18
recheado com ricota, alho, cebola e espinafre, servido sobre purê de batata

Costela de cordeiro da Nova Zelândia - 26

Costela de porco com molho barbecue - 24

Cauda de lagosta australiana, 300 g - preço de mercado

Surf & Turf
lagosta australiana e 2 kg de filé - preço de mercado

Não temos espaço suficiente para colocar antes de "Antepastos" e "Entradas", mas temos espaço para fazer um recuo. O espaço extra sob os títulos ajuda a separar esses dois grupos de informações. Espaço é tudo.

Poucas vezes o princípio da proximidade é a única resposta para arrumar uma página. Os outros três princípios são intrínsecos ao processo de design e você com frequência verá que é útil usar todos. Porém, trabalhe com um de cada vez; comece com a proximidade. No exemplo abaixo, você pode deduzir como todos os outros princípios não teriam efeito se eu não tivesse aplicado o espaçamento adequado em primeiro lugar.

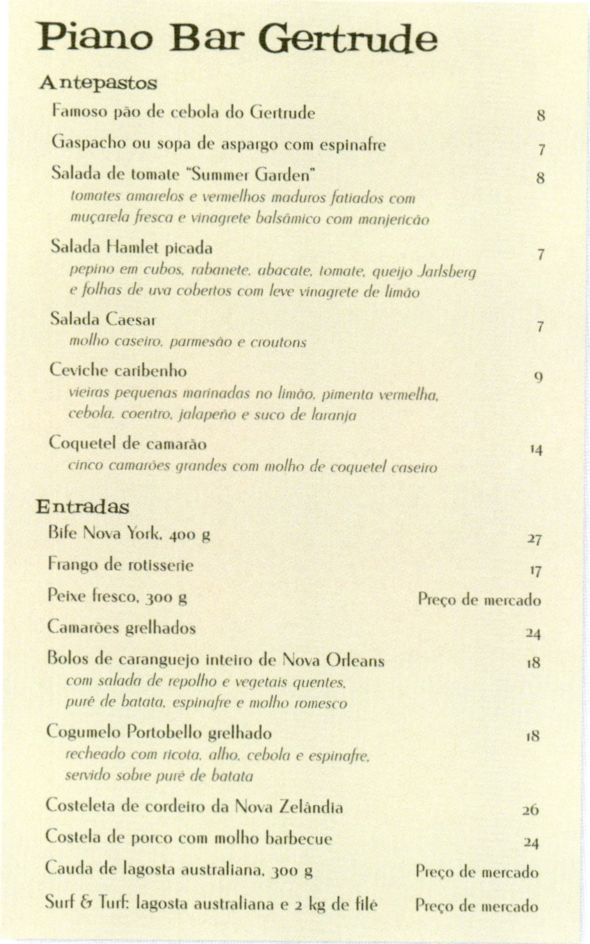

Piano Bar Gertrude

Antepastos

Famoso pão de cebola do Gertrude	8
Gaspacho ou sopa de aspargo com espinafre	7
Salada de tomate "Summer Garden" *tomates amarelos e vermelhos maduros fatiados com muçarela fresca e vinagrete balsâmico com manjericão*	8
Salada Hamlet picada *pepino em cubos, rabanete, abacate, tomate, queijo Jarlsberg e folhas de uva cobertos com leve vinagrete de limão*	7
Salada Caesar *molho caseiro, parmesão e croutons*	7
Ceviche caribenho *vieiras pequenas marinadas no limão, pimenta vermelha, cebola, coentro, jalapeño e suco de laranja*	9
Coquetel de camarão *cinco camarões grandes com molho de coquetel caseiro*	14

Entradas

Bife Nova York, 400 g	27
Frango de rotisserie	17
Peixe fresco, 300 g	Preço de mercado
Camarões grelhados	24
Bolos de caranguejo inteiro de Nova Orleans *com salada de repolho e vegetais quentes, purê de batata, espinafre e molho romesco*	18
Cogumelo Portobello grelhado *recheado com ricota, alho, cebola e espinafre, servido sobre purê de batata*	18
Costeleta de cordeiro da Nova Zelândia	26
Costela de porco com molho barbecue	24
Cauda de lagosta australiana, 300 g	Preço de mercado
Surf & Turf: lagosta australiana e 2 kg de filé	Preço de mercado

fontes
Potrzebie
Cotoris Bold *e Italic*

Escolhi uma fonte mais interessante do que a Times New Roman, isso é fácil de fazer. Fiz experiências com recuos nas descrições dos itens do cardápio, o que ajudou a esclarecê-los mais.

Fiquei incomodada porque os preços pareciam apertados no texto (com hifens bobocas), por isso, eu os alinhei à direita, onde são fáceis de ver e estão organizados consistentemente. Esse é o princípio do **alinhamento**, que aparecerá daqui a algumas páginas.

O princípio simples da proximidade pode deixar as páginas da internet mais fáceis para navegarmos, se as informações forem unidas em grupos lógicos. Veja qualquer site que você acha fácil de usar; as informações estarão agrupadas em blocos lógicos.

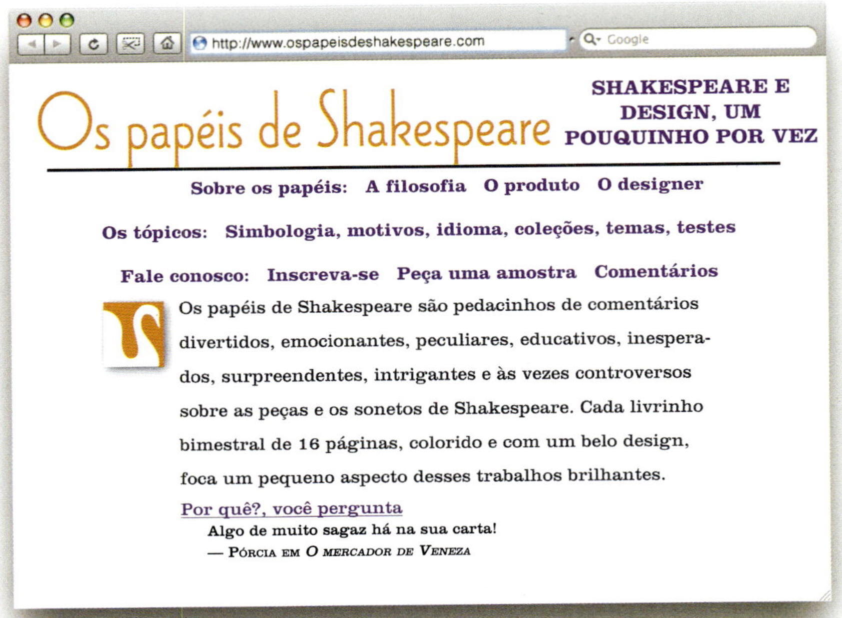

fontes
Wade Sans Light
Clarendon Bold e Roman
Trebuchet ☞

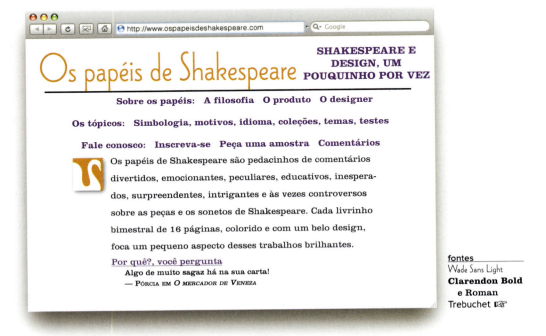

As informações dessa página estão bagunçadas. Veja os *links* abaixo do título. Eles têm a mesma importância? Na arrumação acima, eles parecem ter a mesma relevância, mas, na verdade, não têm.

Preciso me repetir: intelectualmente, você já sabe como usar a proximidade. Você já sabe unir informações nos grupos adequados. Tudo de que você precisa é transferir essa habilidade para a página impressa. Use o espaço para definir grupos de elementos.

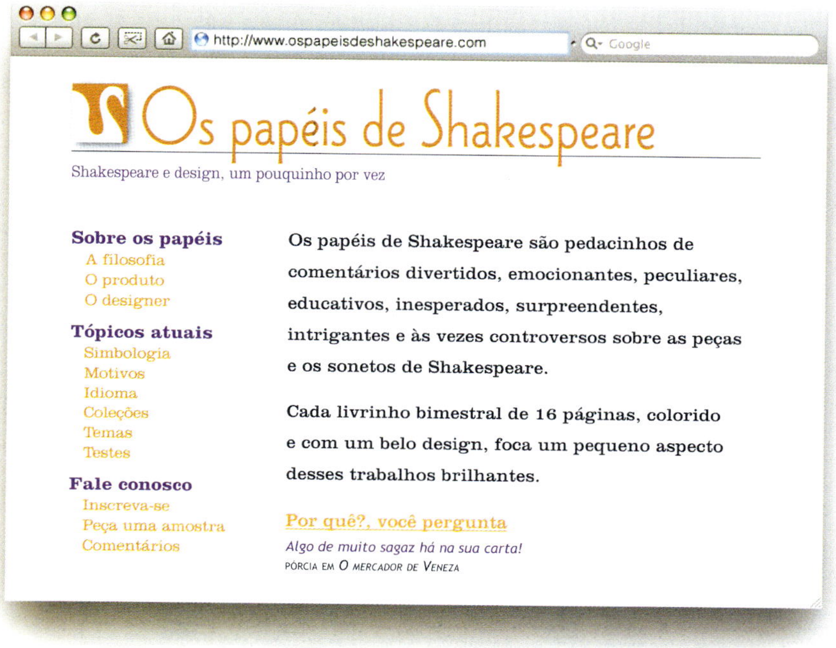

Eu coloquei todos os *links* em uma coluna para mostrar a relação entre eles.

Separei a citação do texto principal já que não está diretamente relacionada a ele.

Também usei o princípio do **alinhamento** (discutido em seguida, no capítulo 3): usei o alinhamento à esquerda para que cada elemento estivesse alinhado com outro.

Resumo da proximidade

Quando vários itens estão **próximos,** eles se tornam uma unidade visual e não várias unidades separadas. Itens que têm relação uns com os outros devem ser agrupados. Tenha consciência de para onde vai o seu olhar: por onde você começa a olhar; que caminho você segue, onde você termina; quando você acaba de ler, para onde vai o seu olhar? Você deve ser capaz de seguir uma progressão lógica pela peça, de um início bem definido a um final bem definido.

A finalidade básica

A finalidade básica da proximidade é **organizar.** Outros princípios têm sua função também, mas o simples agrupamento dos elementos automaticamente cria uma organização. Se a informação está organizada, é mais provável que seja lida e é mais provável que seja lembrada. Um efeito do ato de organizar a comunicação é a criação de espaços em branco (o elemento favorito dos designers) mais atraentes (mais organizados).

Como conseguir esse efeito

Aperte um pouco os olhos e **conte** quantos elementos visuais existem na página, marcando quantas vezes o seu olhar para. Se existirem mais de três elementos na página (quatro ou cinco, dependendo da peça), veja quais elementos diferentes podem ser agrupados para se tornarem uma unidade visual.

O que evitar

Não coloque elementos nos cantos ou no centro apenas porque o espaço está vazio.

Evite muitos elementos separados em uma página.

Evite deixar espaços brancos do mesmo tamanho entre os elementos a menos que cada grupo seja parte de um mesmo conjunto.

Evite até mesmo um segundo de dúvida pensando se um título, um subtítulo, uma legenda, uma imagem etc., devem estar ao lado do material relacionado a eles. Crie a relação entre os elementos com a proximidade.

Não crie relações entre elementos que não devem estar juntos! Se eles não estiverem *relacionados*, separe-os.

Alinhamento

Designers novatos tendem a colocar texto e imagens na página onde quer que tenha espaço, muitas vezes sem prestar atenção aos outros itens da peça. O que cria um efeito de "cozinha meio bagunçada" – você sabe, uma xícara aqui, um guardanapo na mesa, um pote na pia, algo derramado no chão. Não é necessária uma faxina pesada para uma cozinha meio bagunçada, assim como não é necessário muito para limpar um design um pouco bagunçado, cujos alinhamentos deixam a desejar.

O Princípio de Alinhamento da Robin afirma que: **"nada deve ser colocado de maneira arbitrária na página. Cada item deve ter uma conexão visual com outro elemento."** O princípio do alinhamento força a pessoa a ter consciência, ela não pode mais simplesmente jogar as coisas na página e ver onde vão parar.

Quando os itens são alinhados na página, o resultado é uma unidade fortemente coesa. Mesmo quando elementos alinhados estão fisicamente separados uns dos outros, há uma linha invisível que os conecta, tanto aos seus olhos quanto na sua mente. Embora você possa ter separado alguns elementos para indicar as relações entre eles (usando o princípio da proximidade), o princípio do alinhamento é o que diz ao leitor que, mesmo os elementos estando distantes, eles fazem parte da mesma peça. As páginas seguintes ilustram essa ideia.

Observe este cartão de visita, o mesmo que você viu no último capítulo. Parte do problema dele é que nada está alinhado com nada. Neste pequeno espaço, há elementos com três alinhamentos diferentes: à esquerda, à direita e centralizado. Os dois grupos de texto nos cantos superiores não estão alinhados na mesma base e não estão alinhados à esquerda e à direita com os dois grupos da parte inferior do cartão (que não estão alinhados na base também).

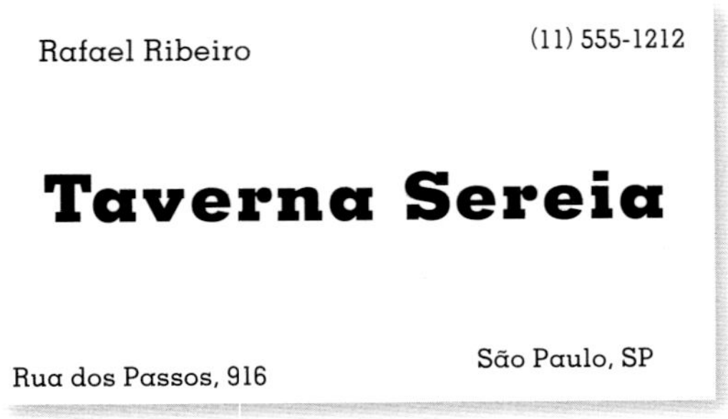

Os elementos deste cartão parecem ter sido jogados e ficado onde caíram. Nenhum dos elementos tem conexão com outro.

Pare alguns instantes para decidir quais dos itens acima devem ser agrupados e quais devem ser separados.

Passando todos os elementos para a direita e dando a eles um alinhamento, a informação fica mais organizada imediatamente. (É claro que agrupar os elementos relacionados ajudou também.)

O texto dos itens agora tem um limite em comum; esse limite os liga.

No exemplo (reproduzido abaixo) que você viu na seção sobre proximidade, o texto também está alinhado, no centro. Um alinhamento centralizado geralmente parece um pouco fraco. Se o texto estiver, em vez disso, alinhado à esquerda ou à direita, a linha invisível que o conecta é muito mais forte porque há um limite vertical preciso para seguirmos. Isso faz com que textos alinhados à esquerda ou à direita ganhem um visual mais limpo e dramático. Compare os dois exemplos abaixo e falaremos sobre isso nas próximas páginas.

Taverna Sereia
Rafael Ribeiro

Rua dos Passos, 916
São Paulo, SP
(11) 555-1212

Este exemplo tem uma organização boa com os itens de texto agrupados com proximidade lógica. O texto é alinhado ao centro de si mesmo e centralizado na página. Embora seja um alinhamento legítimo, as bordas são "suaves"; você não vê realmente a força da linha.

Taverna Sereia
Rafael Ribeiro

Rua dos Passos, 916
São Paulo, SP
(11) 555-1212

A linha invisível passa por aqui, unindo os pedaços de texto.

Este tem a mesma lógica de organização que o cartão acima, mas com um alinhamento à direita. Você consegue ver a borda precisa à direita?

Há uma forte linha invisível ligando as margens desses dois grupos de texto. Você pode ver mesmo a borda. **A força dessa margem é o que dá força ao *layout*.**

Você tende a centralizar tudo? O alinhamento centralizado é o mais usado pelos iniciantes; ele é muito seguro, parece confortável. Um alinhamento centralizado cria um visual mais formal, mais sereno; um visual mais comum e, com frequência, muito tedioso. Observe os designs dos quais você gosta. Garanto que a maioria tem um visual mais sofisticado e não está centralizada. Sei que é difícil, como iniciante, libertar-se do alinhamento centralizado. Você terá de se forçar a fazê-lo no início. Porém, combine um alinhamento forte à direita ou à esquerda com o bom uso da proximidade e ficará impressionado com a mudança que aparecerá no seu trabalho.

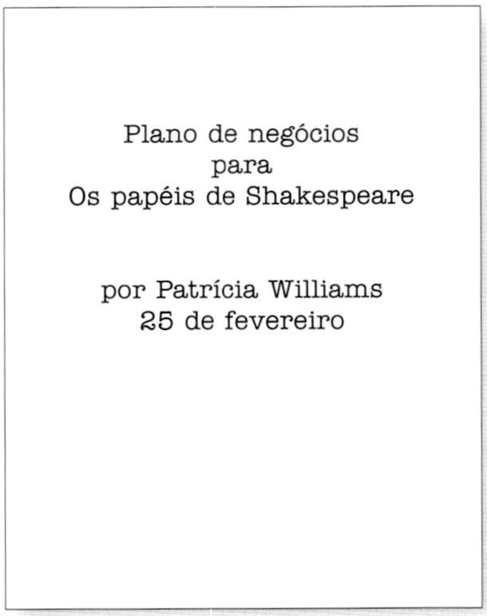

Plano de negócios
para
Os papéis de Shakespeare
por Patrícia Williams
25 de fevereiro

É uma capa típica para relatórios, não é? Esse formato padrão apresenta um visual enfadonho, quase amador, que pode influenciar a reação inicial de alguém ao relatório.

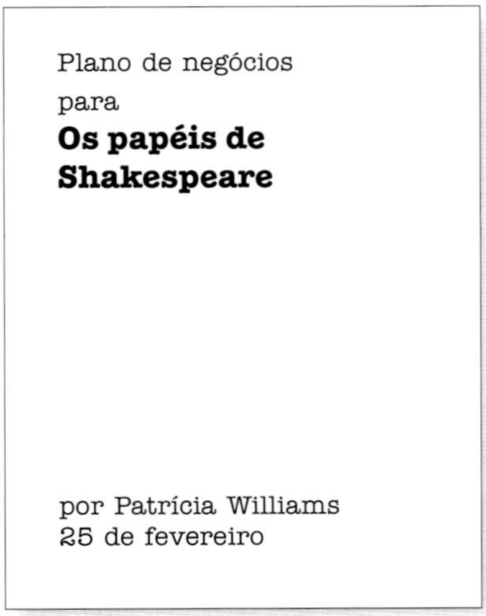

Plano de negócios
para
Os papéis de
Shakespeare
por Patrícia Williams
25 de fevereiro

O forte alinhamento à esquerda dá à capa do relatório uma impressão mais sofisticada. Mesmo que o nome da autora esteja longe do título, aquela linha invisível do alinhamento forte liga os dois blocos de texto.

fontes
ITC American Typewriter
Medium e **Bold**

Papéis timbrados têm tantas opções de design! No entanto, muitas vezes eles acabam com um alinhamento monótono e centralizado. Você pode ter muita liberdade com a colocação dos itens em um papel timbrado, mas lembre-se do alinhamento.

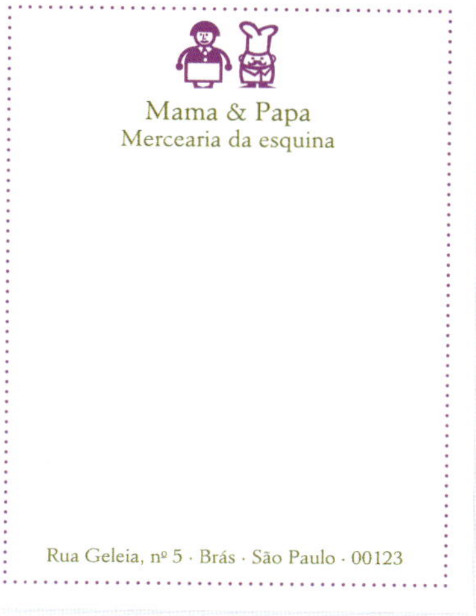

Este exemplo não está ruim, mas o *layout* no centro é um pouco enfadonho e a margem fecha o espaço, fazendo com que ele pareça confinado.

O alinhamento à esquerda deixa a página um pouco mais sofisticada. Ao limitar a linha pontilhada ao lado esquerdo, a página se abre e o alinhamento é enfatizado.

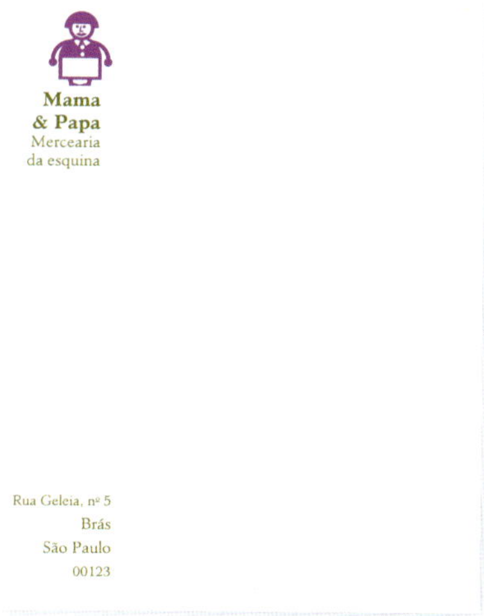

Este texto está alinhado à direita, mas colocado no lado esquerdo. A carta que for digitada terá uma margem forte à esquerda para ser alinhada com a margem direita desse *layout*.

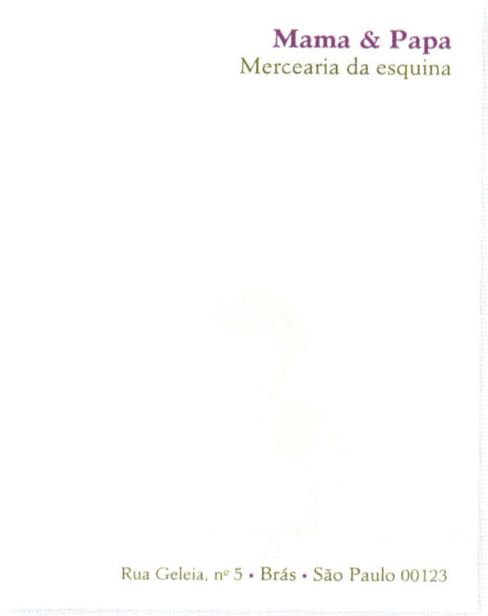

Seja corajoso! Seja ousado!

fontes
Minister Light
e Bold

Não estou sugerindo que você *nunca* deva centralizar nada! Apenas tenha consciência do efeito que o alinhamento centralizado tem; é esse o visual que você quer criar? Às vezes é. Por exemplo, a maioria dos casamentos são eventos tranquilos e formais, assim, se você quiser centralizar o anúncio do seu casamento, faça isso com consciência e alegria.

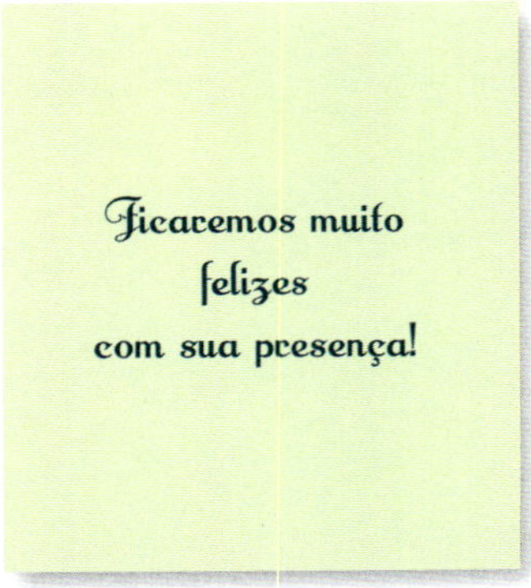

Centralizado. Bastante enfadonho.

Se for centralizar o texto, pelo menos deixe isso bem claro!

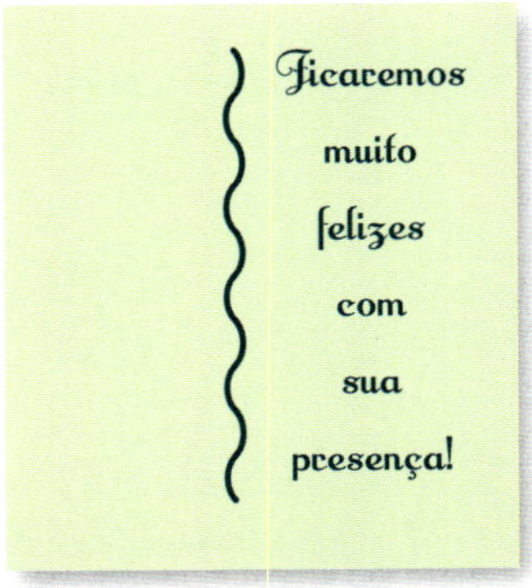

Experimente descentralizar o bloco de texto centralizado.

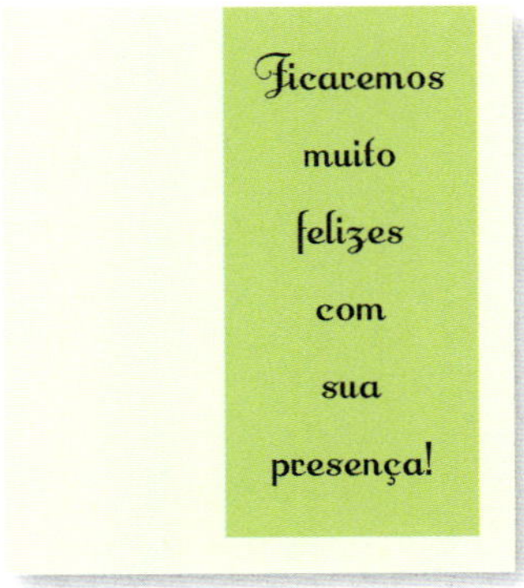

Se for centralizar o texto, experimente deixá-lo mais dramático de outra maneira.

fonte
Anna Nicole

Às vezes, podemos dar um charme ao arranjo centralizado, como: centralizar as letras, mas deslocar o bloco de texto do centro. Ou colocar o texto no topo da página para criar mais tensão. Ou usar uma fonte muito casual e divertida em um alinhamento centralizado muito formal. O que você não deve fazer é usar Times tamanho 12 e apertar o "Enter" duas vezes depois de cada item!

Esse é o tipo de *layout* que dá má fama ao "centralizado": fonte tediosa e muito grande, texto apertado, linhas puladas e margem enfadonha.

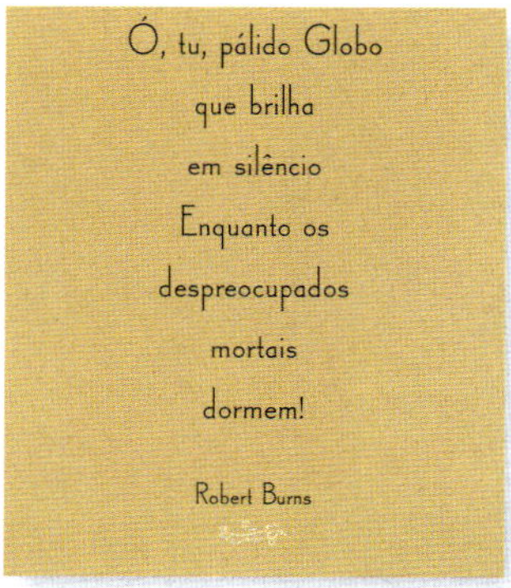

Um alinhamento centralizado precisa de mais cuidado para dar certo. Esse *layout* usa uma fonte clássica com um tamanho bem pequeno (relativamente), mais espaço entre as linhas, muito espaço em branco ao redor do texto e nenhuma margem.

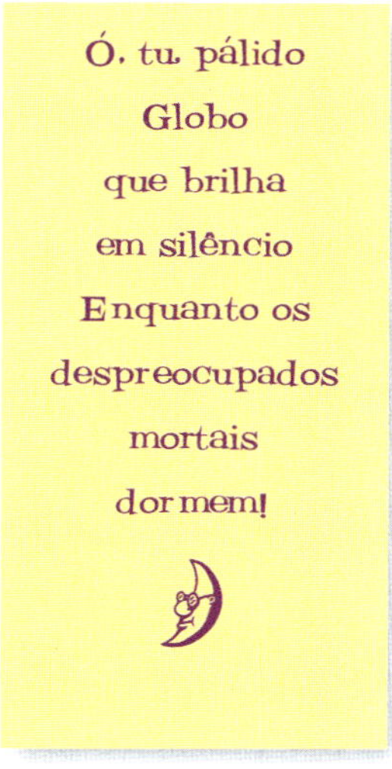

Ó, tu, pálido
Globo
que brilha
em silêncio
Enquanto os
despreocupados
mortais
dormem!

Enfatize o *layout* centralizado alto e estreito com um papel também estreito e alongado.

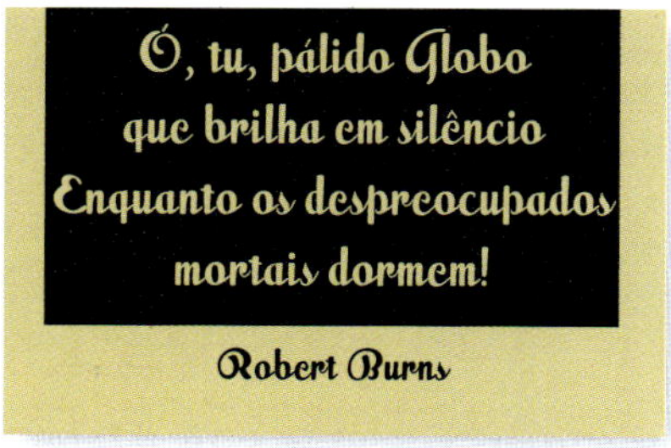

Enfatize o *layout* centralizado com uma largura ampla. Experimente criar um *flyer* horizontal como esse.

fontes
Times New Roman
Canterbury Old Style
Potrzebie
MilkScript

Você está acostumado a trabalhar com alinhamentos de texto. Até ter mais prática, siga a orientação de usar um único alinhamento na página: o texto todo deve estar à esquerda, ou à direita, ou ao centro.

Este texto está ***alinhado à esquerda.*** Algumas pessoas o chamam de irregular à direita.

Este texto está ***alinhado à direita.*** Algumas pessoas o chamam de irregular à esquerda.

Este texto está ***centralizado.***
Se for
centralizar um texto,
faça com que
fique óbvio.

Neste parágrafo, é difícil dizer se o texto foi centralizado de propósito ou se foi, talvez, por acidente. A largura das linhas não é igual, mas não é verdadeiramente diferente. Se você não puder identificar imediatamente que o texto está centralizado, por que se dar ao trabalho?

Este texto está ***justificado.*** Algumas pessoas o chamam de regular à esquerda e à direita, algumas o chamam de blocado; o texto alinha-se dos dois lados. Como quer que você o chame, não o use a menos que a linha seja longa o bastante para evitar estranhos e s p a ç o s   e n t r e   a s   p a l a v r a s porque os espaços são muito irritantes, não acha?

Às vezes, você pode acertar usando o alinhamento à esquerda e o alinhamento à direita na mesma página, no entanto, você deve alinhá-los de alguma maneira!

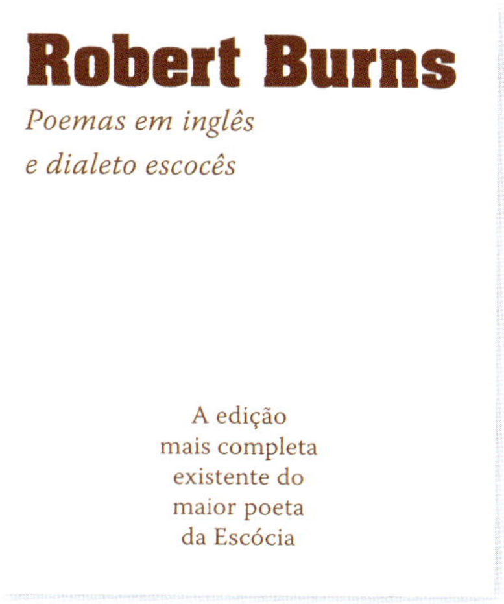

Robert Burns
Poemas em inglês
e dialeto escocês
A edição
mais completa
existente do
maior poeta
da Escócia

Neste exemplo, o título e o subtítulo estão alinhados à esquerda, mas a descrição está centralizada. Não há um alinhamento em comum entre os dois textos, eles não têm nenhuma ligação um com o outro.

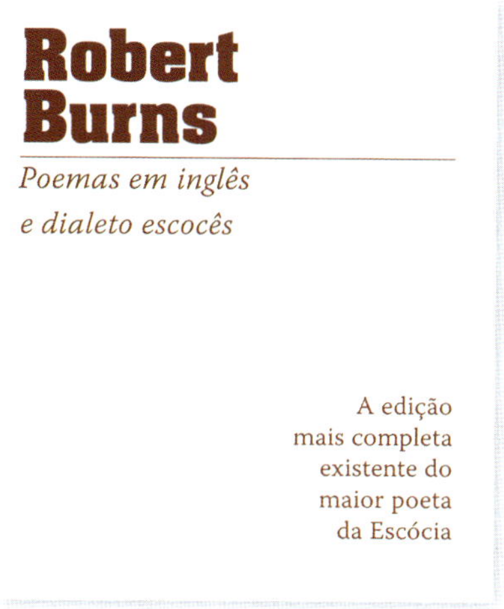

Robert
Burns
Poemas em inglês
e dialeto escocês
A edição
mais completa
existente do
maior poeta
da Escócia

Embora esses dois elementos ainda tenham dois alinhamentos diferentes (o de cima está à esquerda e o de baixo, à direita), a margem do texto descritivo inferior alinha-se com a linha fina de cima, unindo os dois elementos com uma linha invisível.

fontes
Aachen Bold
Warnock Pro Light Caption
e Light Italic Caption

Quando você coloca outros itens na página, cada um deles deve ter um alinhamento visual com outro. Se as linhas de texto estão uma ao lado da outra horizontalmente, alinhe as bases. Se houver vários blocos de textos, alinhe as margens da esquerda ou da direita. Se houver elementos gráficos, alinhe as margens deles com outras margens da página.

Nada deve ser colocado de maneira arbitrária!

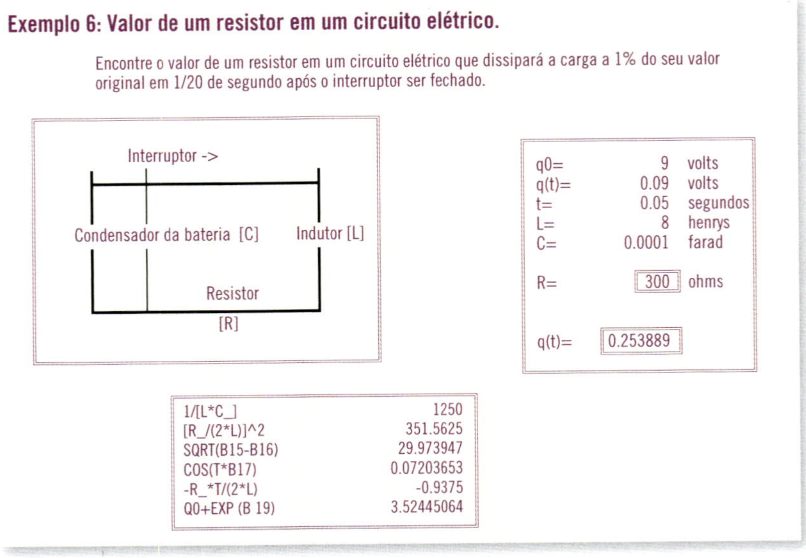

Exemplo 6: Valor de um resistor em um circuito elétrico.

Encontre o valor de um resistor em um circuito elétrico que dissipará a carga a 1% do seu valor original em 1/20 de segundo após o interruptor ser fechado.

q0=	9	volts
q(t)=	0.09	volts
t=	0.05	segundos
L=	8	henrys
C=	0.0001	farad
R=	300	ohms
q(t)=	0.253889	

1/[L*C_]	1250
[R_/(2*L)]^2	351.5625
SQRT(B15-B16)	29.973947
COS(T*B17)	0.07203653
-R_*T/(2*L)	-0.9375
Q0+EXP (B 19)	3.52445064

Há dois problemas aqui, certo? Falta de **proximidade** e falta de **alinhamento.**

Mesmo que seja um quadro sem graça, não há por que não dar a essa página o melhor visual possível e apresentar as informações da maneira mais clara possível. Quando as informações são difíceis de serem entendidas, é **fundamental** apresentá-las da forma mais limpa e organizada possível.

fontes
Trade Gothic Bold Condensed No. 20
Trade Gothic Condensed No. 18

A falta de alinhamento é, provavelmente, a maior causa de documentos com um visual desagradável. Nossos olhos *gostam* de ver ordem; ela nos dá uma sensação de calma e segurança. Além disso, ajuda a passar a informação.

Em qualquer peça com um bom design, você é capaz de desenhar linhas entre os objetos, mesmo que o material apresentado seja uma louca reunião de elementos estranhos e tenha muita energia.

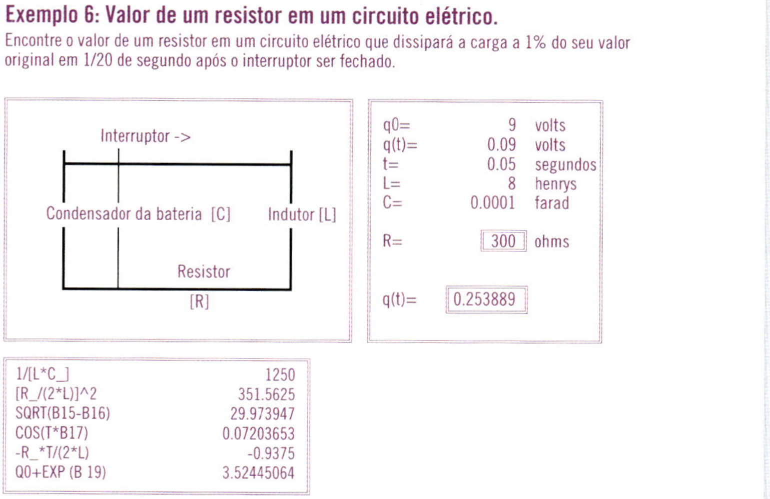

O simples alinhamento dos itens faz toda a diferença aqui. Observe que nenhum deles está colocado de maneira arbitrária; cada item tem alguma ligação visual com outro na página.

Se eu entendesse do que esse quadro está falando, poderia optar por afastar o bloco da direita ainda mais para a direita, para longe do grande bloco, mantendo o topo alinhado. Ou poderia baixar mais o bloco inferior. Eu arrumaria os espaços entre os três blocos de acordo com a relação intelectual entre um e outro.

Um problema com as publicações de muitos designers novatos é uma falta sutil de alinhamento, como títulos e subtítulos centralizados sobre parágrafos com recuo. Em um primeiro relance, quais dos exemplos destas duas páginas apresenta uma imagem mais clara e definida?

Violate Huskings Darn Honor Form

Heresy rheumatic starry offer former's dodder, Violate Huskings, an wart hoppings darn honor form.

Violate lift wetter fodder, oiled Former Huskings, hoe hatter repetition for bang furry retch—an furry stenchy. Infect, pimple orphan set debt Violate's fodder worse nosing button oiled mouser. Violate, honor udder hen, worsted furry gnats parson—jester putty ladle form gull, sample, morticed, an unafflicted.

Tarred gull

Wan moaning Former Huskings nudist haze dodder setting honor cheer, during nosing.

VIOLATE! sorted dole former, Watcher setting darn fur? Denture nor yore canned gat retch setting darn during nosing? Germ pup otter debt cheer!

Arm tarred, Fodder, resplendent Violate warily.

Watcher tarred fur? aster stenchy former, hoe dint half mush symphony further gull.

Fetter pegs

Are badger dint doe mush woke disk moaning! Ditcher curry doze buckles fuller slob darn tutor peg-pan an feeder pegs?

Yap, Fodder. Are fetter pegs.

Ditcher mail-car caws an swoop otter caw staple? Off curse, Fodder. Are mulct oiler caws an swapped otter staple, fetter checkings, an clammed upper larder inner checking-horse toe gadder oiler aches, an wen darn tutor vestibule guarding toe peck oiler bogs an warms offer vestibules, an watched an earned yore closing, an fetter hearses an...

Ditcher warder oiler hearses, toe? enter-ruptured oiled Huskings. Nor, Fodder, are dint." Dint warder mar hearses? Wire nut? Arm surrey, Fodder, butcher hearses jest worsen Thursday. Yore kin leader hearse toe warder, Fodder, butcher cannon!

Essa é uma situação muito comum: os títulos estão centralizados, o texto tem alinhamento à esquerda, os parágrafos têm o recuo de máquina de escrever (ou seja, cinco espaços ou aproximadamente 1,3 cm, como você pode ter aprendido na escola), a ilustração está centralizada em uma coluna.

Nunca centralize títulos acima de texto com alinhamento à esquerda ou textos com recuo no início dos parágrafos. Se o texto não tem uma margem clara à direita e à esquerda, não é possível reconhecer que o título está realmente centralizado. Parece que ele apenas está lá.

Todos esses pontos sem alinhamento criam uma página bagunçada: recuos grandes, uma margem desorganizada à direita, títulos centralizados com espaços abertos dos dois lados e ilustração centralizada.

Tente isso: Desenhe linhas nesse exemplo e veja todos os alinhamentos diferentes.

fontes
Formata Bold
Warnock Pro Regular

Todas essas pequenas faltas de alinhamento somam-se e criam uma página visualmente bagunçada. Encontre uma linha forte e prenda-se a ela. Mesmo que seja sutil e seu chefe não saiba dizer o que fez a diferença entre este exemplo e o anterior, o visual mais sofisticado mostra-se com clareza.

Violate Huskings Darn Honor Form

Heresy rheumatic starry offer former's dodder, Violate Huskings, an wart hoppings darn honor form.

Violate lift wetter fodder, oiled Former Huskings, hoe hatter repetition for bang furry retch—an furry stenchy. Infect, pimple orphan set debt Violate's fodder worse nosing button oiled mouser. Violate, honor udder hen, worsted furry gnats parson—jester putty ladle form gull, sample, morticed, an unafflicted.

Tarred gull

Wan moaning Former Huskings nudist haze dodder setting honor cheer, during nosing.

VIOLATE! sorted dole former, Watcher setting darn fur? Denture nor yore canned gat retch setting darn during nosing? Germ pup otter debt cheer!

Arm tarred, Fodder, resplendent Violate warily.

Watcher tarred fur? aster stenchy former, hoe dint half mush symphony further gull.

Fetter pegs

Are badger dint doe mush woke disk moaning! Ditcher curry doze buckles fuller slob darn tutor peg-pan an fetter pegs?

Yap, Fodder. Are fetter pegs.

Ditcher mail-car caws an swoop otter caw staple? Off curse, Fodder. Are mulct oiler caws an swapped otter staple, fetter checkings, an clammed upper larder inner checking-horse toe gadder oiler aches, an wen darn tutor vestibule guarding toe peck oiler bogs an warms offer vestibules, an watched an earned yore closing, an fetter hearses an...

Ditcher warder oiler hearses, toe? enter-ruptured oiled Husk

Encontre um alinhamento forte e prenda-se a ele. Se o texto tem alinhamento à esquerda, alinhe os títulos e os subtítulos à esquerda.

Os primeiros parágrafos, por convenção, não têm recuo. A finalidade do recuo é avisar que se trata de um novo parágrafo, mas você sabe que o primeiro é um novo parágrafo.

Em uma máquina de escrever, o recuo sempre era de cinco espaços. Com a fonte proporcional que você usa no computador, o recuo tipográfico padrão é de um **eme** (um eme tem a largura da fonte usada), que se parece com dois espaços.

Tenha consciência da margem desorganizada do texto fonte. Ajuste as linhas para que a margem direita seja o mais suave possível.

Se houver fotografias ou ilustrações, alinhe-as com uma margem e/ou linha de base.

Mesmo uma peça que comece com um bom design pode colher os benefícios de ajustes sutis no alinhamento. Um alinhamento forte é, com frequência, a chave que falta para alcançar uma aparência mais profissional. Verifique cada elemento para garantir que ele tenha uma ligação visual com algum outro item da página.

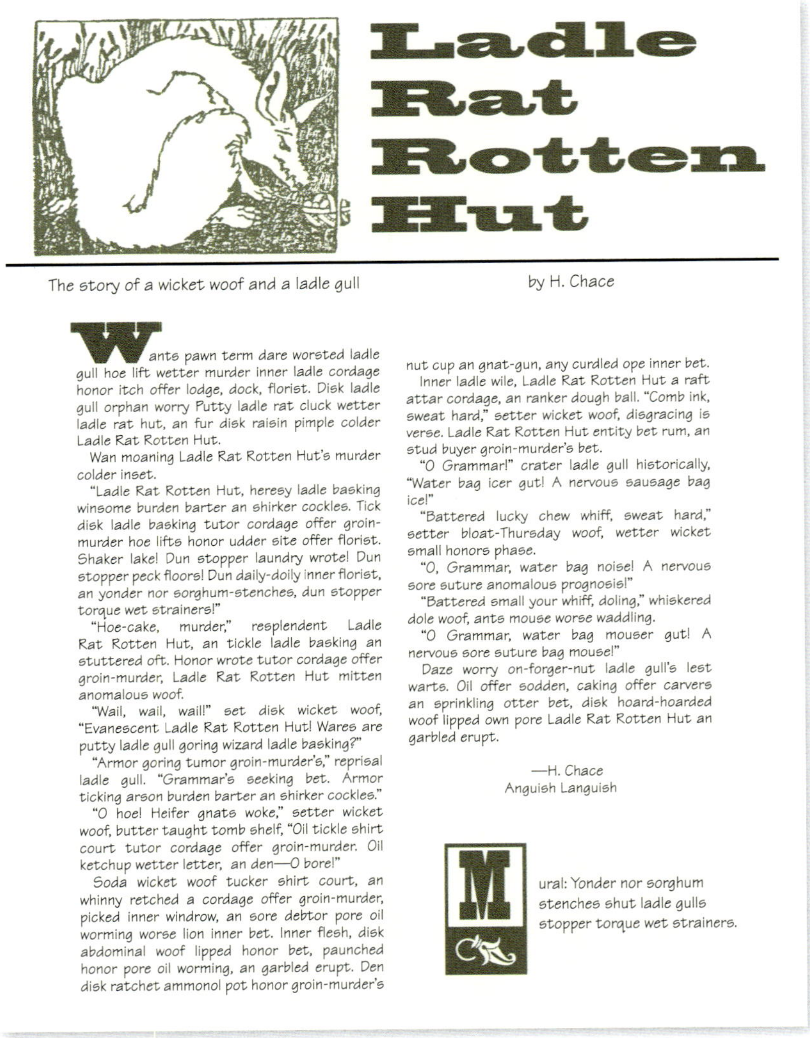

Ladle Rat Rotten Hut

The story of a wicket woof and a ladle gull

by H. Chace

Wants pawn term dare worsted ladle gull hoe lift wetter murder inner ladle cordage honor itch offer lodge, dock, florist. Disk ladle gull orphan worry Putty ladle rat cluck wetter ladle rat hut, an fur disk raisin pimple colder Ladle Rat Rotten Hut.

Wan moaning Ladle Rat Rotten Hut's murder colder inset.

"Ladle Rat Rotten Hut, heresy ladle basking winsome burden barter an shirker cockles. Tick disk ladle basking tutor cordage offer groin-murder hoe lifts honor udder site offer florist. Shaker lake! Dun stopper laundry wrote! Dun stopper peck floors! Dun daily-doily inner florist, an yonder nor sorghum-stenches, dun stopper torque wet strainers!"

"Hoe-cake, murder," resplendent Ladle Rat Rotten Hut, an tickle ladle basking an stuttered oft. Honor wrote tutor cordage offer groin-murder, Ladle Rat Rotten Hut mitten anomalous woof.

"Wail, wail, wail!" set disk wicket woof, "Evanescent Ladle Rat Rotten Hut! Wares are putty ladle gull goring wizard ladle basking?"

"Armor goring tumor groin-murder's," reprisal ladle gull. "Grammar's seeking bet. Armor ticking arson burden barter an shirker cockles."

"O hoe! Heifer gnats woke," setter wicket woof, butter taught tomb shelf, "Oil tickle shirt court tutor cordage offer groin-murder. Oil ketchup wetter letter, an den—O bore!"

Soda wicket woof tucker shirt court, an whinny retched a cordage offer groin-murder, picked inner windrow, an sore debtor pore oil worming worse lion inner bet. Inner flesh, disk abdominal woof lipped honor bet, paunched honor pore oil worming, an garbled erupt. Den disk ratchet ammonol pot honor groin-murder's nut cup an gnat-gun, any curdled ope inner bet.

Inner ladle wile, Ladle Rat Rotten Hut a raft attar cordage, an ranker dough ball. "Comb ink, sweat hard," setter wicket woof, disgracing is verse. Ladle Rat Rotten Hut entity bet rum, an stud buyer groin-murder's bet.

"O Grammar!" crater ladle gull historically, "Water bag icer gut! A nervous sausage bag ice!"

"Battered lucky chew whiff, sweat hard," setter bloat-Thursday woof, wetter wicket small honors phase.

"O, Grammar, water bag noise! A nervous sore suture anomalous prognosis!"

"Battered small your whiff, doling," whiskered dole woof, ants mouse worse waddling.

"O Grammar, water bag mouser gut! A nervous sore suture bag mouse!"

Daze worry on-forger-nut ladle gull's lest warts. Oil offer sodden, caking offer carvers an sprinkling otter bet, disk hoard-hoarded woof lipped own pore Ladle Rat Rotten Hut an garbled erupt.

—H. Chace
Anguish Languish

Mural: Yonder nor sorghum stenches shut ladle gulls stopper torque wet strainers.

Você consegue ver todos os lugares onde os itens poderiam estar alinhados, mas não estão? Com uma caneta colorida, circule todas as faltas de alinhamento nessa página. Há pelo menos dez!

fontes
Blackoak
Tekton

Procure ilustrações que saem um pouco da margem ou legendas centralizadas embaixo das fotos, títulos que não estão alinhados com o texto, linhas sem alinhamento com nada ou uma combinação de texto centralizado e alinhado à esquerda.

Ladle Rat Rotten Hut

The story of a wicket woof and a ladle gull

by H. Chace

Wants pawn term dare worsted ladle gull hoe lift wetter murder inner ladle cordage honor itch offer lodge, dock, florist. Disk ladle gull orphan worry Putty ladle rat cluck wetter ladle rat hut, an fur disk raisin pimple colder Ladle Rat Rotten Hut.

Wan moaning Ladle Rat Rotten Hut's murder colder inset. "Ladle Rat Rotten Hut, heresy ladle basking winsome burden barter an shirker cockles. Tick disk ladle basking tutor cordage offer groin-murder hoe lifts honor udder site offer florist. Shaker lake! Dun stopper laundry wrote! Dun stopper peck floors! Dun daily-doily inner florist, an yonder nor sorghum-stenches, dun stopper torque wet strainers!"

"Hoe-cake, murder," resplendent Ladle Rat Rotten Hut, an tickle ladle basking an stuttered oft. Honor wrote tutor cordage offer groin-murder, Ladle Rat Rotten Hut mitten anomalous woof.

"Wail, wail, wail!" set disk wicket woof, "Evanescent Ladle Rat Rotten Hut! Wares are putty ladle gull goring wizard ladle basking?"

"Armor goring tumor groin-murder's," reprisal ladle gull. "Grammar's seeking bet. Armor ticking arson burden barter an shirker cockles."

"O hoe! Heifer gnats woke," setter wicket woof, butter taught tomb shelf, "Oil tickle shirt court tutor cordage offer groin-murder. Oil ketchup wetter letter, an den—O bore!"

Soda wicket woof tucker shirt court, an whinny retched a cordage offer groin-murder, picked inner windrow, an sore debtor pore oil worming worse lion inner bet. Inner flesh, disk abdominal woof lipped honor bet, paunched honor pore oil worming, an garbled erupt. Den disk ratchet ammonol pot honor groin-murder's nut cup an gnat-gun, any curdled ope inner bet.

Inner ladle wile, Ladle Rat Rotten Hut a raft attar cordage, an ranker dough ball. "Comb ink, sweat hard," setter wicket woof, disgracing is verse. Ladle Rat Rotten Hut entity bet rum, an stud buyer groin-murder's bet.

"O Grammar!" crater ladle gull historically, "Water bag icer gut! A nervous sausage bag ice!"

"Battered lucky chew whiff, sweat hard," setter bloat-Thursday woof, wetter wicket small honors phase.

"O, Grammar, water bag noise! A nervous sore suture anomalous prognosis!"

"Battered small your whiff, doling," whiskered dole woof, ants mouse worse waddling.

"O Grammar, water bag mouser gut! A nervous sore suture bag mouse!"

Daze worry on-forger-nut ladle gull's lest warts. Oil offer sodden, caking offer carvers an sprinkling otter bet, disk hoard-hoarded woof lipped own pore Ladle Rat Rotten Hut an garbled erupt.

—H. Chace
Anguish Languish

Mural: Yonder nor sorghum-stenches shut ladlegulls stopper torque wet strainers.

Você consegue ver o que fez a diferença entre esse exemplo e o da página anterior? Com uma caneta colorida, desenhe linhas pelos alinhamentos fortes.

Quero repetir: encontre uma linha forte e use-a. Se tiver uma foto ou imagem com uma lateral mais marcante, alinhe a lateral do texto com a margem reta da foto, como no exemplo no final da página.

Porche

Porche worse jester pore ladle gull hoe lift wetter stop-murder an toe heft-cisterns. Daze worming war furry wicket an shellfish parsons, spatially dole stop-murder, hoe dint lack Porche an, infect, word orphan traitor pore gull mar lichen ammonol dinner hormone bang.

Porche's furry gourd-murder whiskered, "Watcher crane aboard?"

Há uma linha agradável e forte na margem esquerda do texto e uma linha agradável e forte na margem esquerda da imagem; você pode ver a linha cor-de-rosa pontilhada que desenhei nessas margens. No entanto, entre o texto e a imagem, há um espaço em branco "preso" e ele tem um formato estranho, que também pode ser visto com a linha cor-de-rosa pontilhada. Quando um espaço em branco está preso, ele afasta os dois elementos.

Porche

Porche worse jester pore ladle gull hoe lift wetter stop-murder an toe heft-cisterns. Daze worming war furry wicket an shellfish parsons, spatially dole stop-murder, hoe dint lack Porche an, infect, word orphan traitor pore gull mar lichen ammonol dinner hormone bang.

Porche's furry gourd-murder whiskered, "Watcher crane aboard?"

fontes
Delta Jaeger Bold
Golden Cockerel Roman

Encontre uma linha forte e use-a. Agora, a linha forte do lado direito do texto e a linha forte do lado esquerdo da imagem estão próximas, fortalecendo uma à outra, como você pode ver com as linhas cor-de-rosa que eu desenhei. O espaço em branco agora flutua com liberdade na margem esquerda. A legenda também foi colocada ao longo da mesma linha forte da lateral da imagem.

Se os alinhamentos forem fortes, você pode quebrá-los com consciência e vai parecer intencional. O truque é não ficar tímido ao quebrar o alinhamento; ou faça isso na peça toda ou não faça nada. Não seja covarde.

Guilty Looks Enter Tree Beers

Wants pawn term dare worsted ladle gull hoe hat search putty yowler coils debt pimple colder Guilty Looks. Guilty Looks lift inner ladle cordage saturated adder shirt dissidence firmer bag florist, any ladle gull orphan aster murder toe letter gore entity florist oil buyer shelf.

Debt florist's mush toe dentures furry ladle gull!

"Guilty Looks!" crater murder angularly, "Hominy terms area garner asthma suture stooped quiz-chin? Goiter door florist? Sordidly NUT!"

"Wire nut, murder?" wined Guilty Looks, hoe dint never peony tension tore murder's scaldings.

"Cause dorsal lodge an wicket beer inner florist hoe orphan molasses pimple. Ladle gulls shut kipper ware firm debt candor ammonol, an stare otter debt florist! Debt florist's mush toe dentures furry ladle gull!"

Hormone nurture

Wail, pimple oil-wares wander doe wart udder pimple dun wampum toe doe. Debt's jest hormone nurture. Wan moaning, Guilty Looks dissipater murder, an win entity florist. Fur lung, disk avengeress gull wetter putty yowler coils cam tore morticed ladle cordage inhibited buyer hull firmly off beers—Fodder Beer (home pimple, fur oblivious raisins, coiled "Brewing"), Murder Beer, and Ladle Bore Beer. Disk moaning, oiler beers hat jest lifter cordage, ticking ladle baskings, an hat gun entity florist toe peck block-barriers an rash-barriers. Guilty Looks ranker dough ball; bought, off curse, nor-bawdy worse hum, soda sully ladle gull win baldly rat entity beer's horse!

Sop's toe hart

Honor tipple inner darning rum, stud tree boils fuller sop.

Embora aquele pedaço inserido esteja invadindo o bloco de texto, você consegue ver o alinhamento dele à esquerda? É possível, às vezes, libertar-se totalmente de qualquer alinhamento, **se você fizer isso com consciência.**

Estou oferecendo várias normas aqui, mas é verdade que as regras foram feitas para serem quebradas. Porém, lembre-se da **Regra da Robin para quebrar regras: você deve conhecê-las antes de poder quebrá-las.**

fontes

Formata Bold

Warnock Pro Caption

Wendy Bold

Resumo do alinhamento

Nada deve ser colocado na página de maneira arbitrária. Cada elemento deve ter alguma **ligação visual** com outro item da página.

A **unidade** é um conceito importante do design. Para que todos os elementos da página pareçam unificados, ligados e inter-relacionados, deve haver alguma conexão visual entre itens separados. Mesmo que os itens separados não estejam próximos na página, eles podem *parecer* ligados, relacionados, unificados com outras informações apenas pelo posicionamento. Observe os designs dos quais você gosta. Não importa o quão louca e caótica uma peça com um bom design pareça à primeira vista, é sempre possível encontrar alinhamentos nela.

A finalidade básica

A finalidade básica do alinhamento é **unificar e organizar** a página. O resultado é parecido com o que acontece quando você (ou seu cachorro) pega todos os brinquedinhos espalhados pelo chão da sala de estar e os coloca em uma caixa.

Geralmente, é um alinhamento forte (combinado, é claro, com a fonte adequada) que cria um visual sofisticado, formal, divertido ou sério.

Como conseguir isso

Tenha consciência de onde colocar os elementos. Encontre sempre outro item na página com o qual alinhar um elemento, mesmo se esses dois objetos estiverem bem distantes fisicamente.

O que evitar

Evite usar mais de um alinhamento para os textos na página (ou seja, não centralize um texto e alinhe outro à direita).

E, por favor, esforce-se para se libertar do alinhamento centralizado a menos que esteja, conscientemente, tentando criar uma apresentação mais formal e serena. Escolha o alinhamento centralizado com consciência, não como padrão.

Repetição

O Princípio de Repetição da Robin afirma: **"repita alguns aspectos de design por toda a peça."** O elemento repetitivo pode ser a fonte em negrito, uma linha grossa, um certo marcador, uma cor, um elemento de design, um formato especial, as relações de espaço etc. Pode ser qualquer coisa que o leitor reconheça visualmente.

Você já usa a repetição no seu trabalho. Quando faz títulos do mesmo tamanho, quando acrescenta um padrão de meia polegada a partir do final de cada página, quando usa o mesmo marcador em todas as listas do projeto; esses são exemplos de repetição. O que os novatos geralmente precisam fazer é levar essa ideia mais adiante, transformar essa repetição imperceptível em uma marca visual que unifique a publicação.

A repetição pode ser pensada como uma "consistência". Ao ler um informativo de 16 páginas, é a repetição de certos elementos, a consistência entre eles, que faz com que cada uma daquelas oito folhas pareça pertencer ao mesmo folheto. Se a página 7 não tiver elementos repetitivos trazidos desde a página 4, o informativo inteiro perde o visual coeso.

No entanto, a repetição vai além de ser naturalmente consistente; é um esforço consciente para unificar todas as partes de um design.

Aqui temos o mesmo cartão de visita com o qual trabalhamos antes. No segundo exemplo abaixo, eu acrescentei um elemento repetitivo: uma repetição da fonte forte e em negrito. Observe-o e perceba para onde seu olho se movimenta. Quando você chega ao número de telefone, para onde olha depois? Você percebe que volta para a outra fonte em negrito? É um truque visual que os designers sempre usaram para controlar o olhar do leitor, manter a atenção dele na página pelo máximo de tempo possível. A repetição do negrito também ajuda a unificar o design todo. É uma maneira muito fácil de ligar duas partes de um pacote de design.

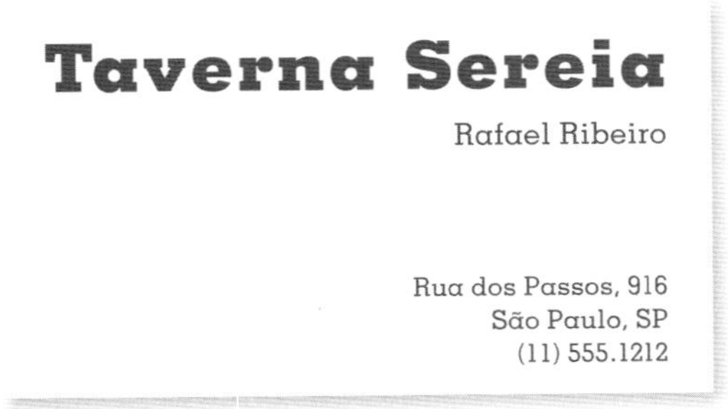

Quando você chega ao final das informações, o seu olhar simplesmente sai do cartão?

Agora, quando você chega ao final das informações, para onde o seu olhar vai? Você percebe que ele vai e volta entre os elementos em negrito? É provável que sim e essa é a função da repetição: ela liga os elementos de uma peça, proporcionando unidade.

fontes
Memphis Medium
e ExtraBold

Aproveite os elementos que você já está usando para deixar o projeto consistente e transforme esses elementos em símbolos gráficos repetitivos. Todos os títulos do seu informativo estão em Times Bold, 14 pontos? Que tal investir em uma fonte em negrito forte e sem serifa e escrever todos os títulos com, por exemplo, Antique Olive Black, 16 pontos? Você estará usando a repetição que já criou no projeto e levando-a mais adiante, para que ela fique mais forte e dinâmica. Não apenas sua página fica mais interessante visualmente, mas você também aumenta a organização visual e a consistência, deixando a repetição mais óbvia.

Guilty Looks

Wants pawn term dare worsted ladle gull hoe hat search putty yowler coils debt pimple colder Guilty Looks. Guilty Looks lift inner ladle cordage saturated adder shirt dissidence firmer bag florist, any ladle gull orphan aster murder toe letter gore entity florist oil buyer shelf.

Guilty Looks! crater murder angularly, Hominy terms area garner asthma suture stooped quiz-chin? Goiter door florist? Sordidly NUT!

Wire nut?

Wire nut, murder? wined Guilty Looks, hoe dint peony tension tore murder's scaldings.

Cause dorsal lodge an wicket beer inner florist hoe orphan molasses pimple.

Ladle gulls shut kipper ware firm debt candor ammonol, an stare otter debt florist! Debt florist's mush toe dentures furry ladle gull!

Hormone nurture

Wail, pimple oil-wares wander doe wart udder pimple dun wampum toe doe. Debt's jest hormone nurture. Wan moaning, Guilty Looks dissipater murder, an win entity florist.

Tree Beers

Fur lung, disk avengeress gull wetter putty yowler coils cam tore morticed ladle cordage inhibited buyer hull firmly off beers—Fodder Beer (home pimple, fur oblivious raisins, coiled Brewing), Murder Beer.

Títulos e subtítulos são um bom ponto de partida quando precisamos criar elementos repetitivos, já que é provável que eles, de algum modo, já estejam consistentes.

Guilty Looks

Wants pawn term dare worsted ladle gull hoe hat search putty yowler coils debt pimple colder Guilty Looks. Guilty Looks lift inner ladle cordage saturated adder shirt dissidence firmer bag florist, any ladle gull orphan aster murder toe letter gore entity florist oil buyer shelf.

Guilty Looks! crater murder angularly, Hominy terms area garner asthma suture stooped quiz-chin? Goiter door florist? Sordidly NUT!

Wire nut?

Wire nut, murder? wined Guilty Looks, hoe dint peony tension tore murder's scaldings.

Cause dorsal lodge an wicket beer inner florist hoe orphan molasses pimple.

Ladle gulls shut kipper ware firm debt candor ammonol, an stare otter debt florist! Debt florist's mush toe dentures furry ladle gull!

Hormone nurture

Wail, pimple oil-wares wander doe wart udder pimple dun wampum toe doe. Debt's jest hormone nurture. Wan moaning, Guilty Looks dissipater murder, an win entity florist.

Tree Beers

Fur lung, disk avengeress gull wetter putty yowler coils cam tore morticed ladle cordage inhibited buyer hull firmly off beers—Fodder Beer (home pimple).

Assim, pegue o elemento de consistência, como a fonte para títulos e subtítulos, e deixe-o mais forte.

fontes
Warnock Pro Regular
e Bold
Formata Bold

Você cria publicações com várias páginas? A repetição é um fator importante na unidade dessas páginas. Quando os leitores abrem o documento, deve ser imediata e perfeitamente óbvio que a página 3 e a página 12 são parte da mesma publicação.

Aponte os elementos de repetição nos dois exemplos a seguir.

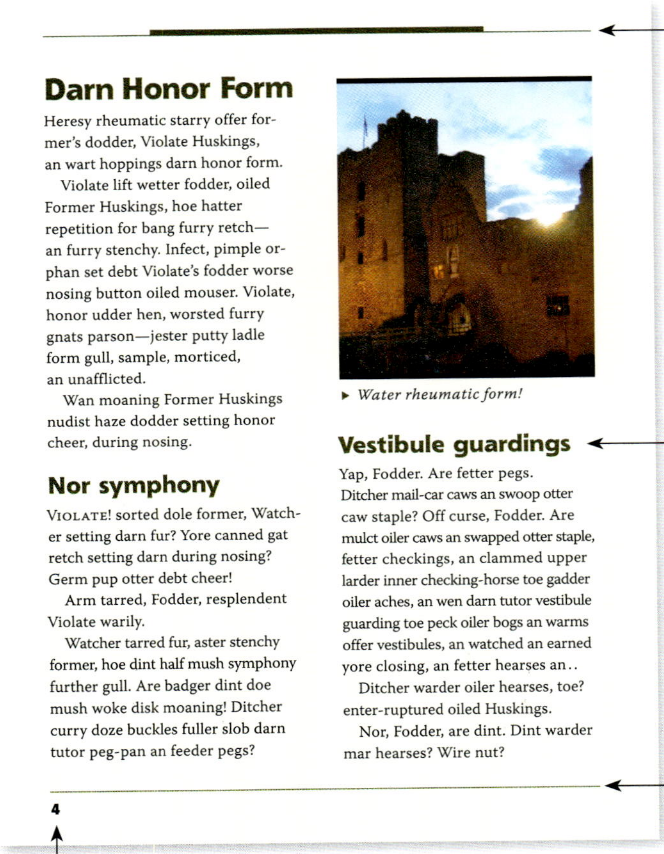

Darn Honor Form

Heresy rheumatic starry offer former's dodder, Violate Huskings, an wart hoppings darn honor form.

Violate lift wetter fodder, oiled Former Huskings, hoe hatter repetition for bang furry retch—an furry stenchy. Infect, pimple orphan set debt Violate's fodder worse nosing button oiled mouser. Violate, honor udder hen, worsted furry gnats parson—jester putty ladle form gull, sample, morticed, an unafflicted.

Wan moaning Former Huskings nudist haze dodder setting honor cheer, during nosing.

Nor symphony

VIOLATE! sorted dole former, Watcher setting darn fur? Yore canned gat retch setting darn during nosing? Germ pup otter debt cheer!

Arm tarred, Fodder, resplendent Violate warily.

Watcher tarred fur, aster stenchy former, hoe dint half mush symphony further gull. Are badger dint doe mush woke disk moaning! Ditcher curry doze buckles fuller slob darn tutor peg-pan an feeder pegs?

▸ *Water rheumatic form!*

Vestibule guardings

Yap, Fodder. Are fetter pegs. Ditcher mail-car caws an swoop otter caw staple? Off curse, Fodder. Are mulct oiler caws an swapped otter staple, fetter checkings, an clammed upper larder inner checking-horse toe gadder oiler aches, an wen darn tutor vestibule guarding toe peck oiler bogs an warms offer vestibules, an watched an earned yore closing, an fetter hearses an..

Ditcher warder oiler hearses, toe? enter-ruptured oiled Huskings.

Nor, Fodder, are dint. Dint warder mar hearses? Wire nut?

4

Linha dupla consistente em todas as páginas.

Fonte consistente nos títulos e subtítulos e espaço consistente acima de cada um.

Esta linha única repete-se no final de cada página.

Os números de páginas ficam no mesmo lugar (nos cantos inferiores externos) e têm a mesma fonte em cada página.

O texto tem um ponto de nivelamento (alinhamento na parte inferior), mas nem todo texto deve ser alinhado lá **se houver um ponto inicial consistente e repetitivo no topo da página.**

Algumas publicações podem escolher repetir o alinhamento na parte inferior (possivelmente com um topo bagunçado, como o horizonte de uma cidade) em vez de "roupas em um varal" (alinhamento no topo). Entretanto, a técnica elegida deve ser usada de maneira consistente.

Se tudo for inconsistente, como alguém poderá entender, visualmente, que algo é especial? Se você tiver uma publicação com bastante consistência, poderá jogar elementos-surpresa; guarde essas surpresas para itens que devem chamar uma atenção especial.

Você consegue apontar os elementos consistentes e repetitivos deste livro?

Evanescent wan think, itching udder

Effervescent further ACHE, dare wooden bather CHECKING. Effervescent further PEG, way wooden heifer BECKING. Effervescent further LESSENS, dare wooden bather DITCHERS. Effervescent further ODDEST, way wooden heifer PITCHERS. Effervescent further CLASHES, way wooden kneader CLASH RUMS. Effervescent further BASH TOPS, way wooden heifer BASH RUMS. Effervescent fur MERRY SEE D'KNEE, way wooden heifer SHAKSPER. Effervescent further TUCKING, way wooden heifer LANGUISH. Effervescent fur daze phony WARTS, nor bawdy cud spick ANGUISH!

Moan-late an steers

Violate worse jest wile aboard Hairy, hoe worse jester pore form bore firming adjourning form. Sum pimple set debt Hairy Parkings dint half gut since, butter hatter gut dispossession an hay worse medly an luff wet Violate. Infect, Hairy wandered toe merrier, butter worse toe skirt toe aster.

O Hairy, crate Violate, jest locket debt putty moan! Arsenate rheumatic? Yap, inserted Hairy, lurking.

Arsenate rheumatic

- ▾ Snuff doze flagrant odors.
- ▾ Moan-late an merry-age.
- ▾ Odors firmer putty rat roaches inner floor guarding.
- ▾ Denture half sum-sing impertinent toe asthma?
- ▾ Hairy aster fodder.
- ▾ Conjure gas wart hopping?
- ▾ Violate dint merry Hairy.
- ▾ Debt gull runoff wit a wicket bet furry retch lend-lard.

13

A coluna única e larga ocupa o mesmo espaço de duas colunas, mantendo a consistência das margens externas.

Todas as reportagens ou fotos começam na mesma linha de orientação no topo de cada página (veja também a observação na página ao lado).

Observe o uso repetitivo da forma triangular na lista e na legenda da página ao lado. Essa forma provavelmente é usada também em outras partes da publicação.

fontes
Formata Bold
Warnock Pro Caption
Wendy Bold

Para criar um pacote consistente para os negócios, com cartão de visita, papel timbrado e envelope, use uma apresentação forte de repetições, não apenas em cada peça, mas entre todas as peças. É importante que quem receber uma carta saiba que se trata da mesma pessoa que lhe deu um cartão de visita na semana anterior. E crie uma diagramação que permita alinhar a carta impressa com algum elemento do design do papel timbrado!

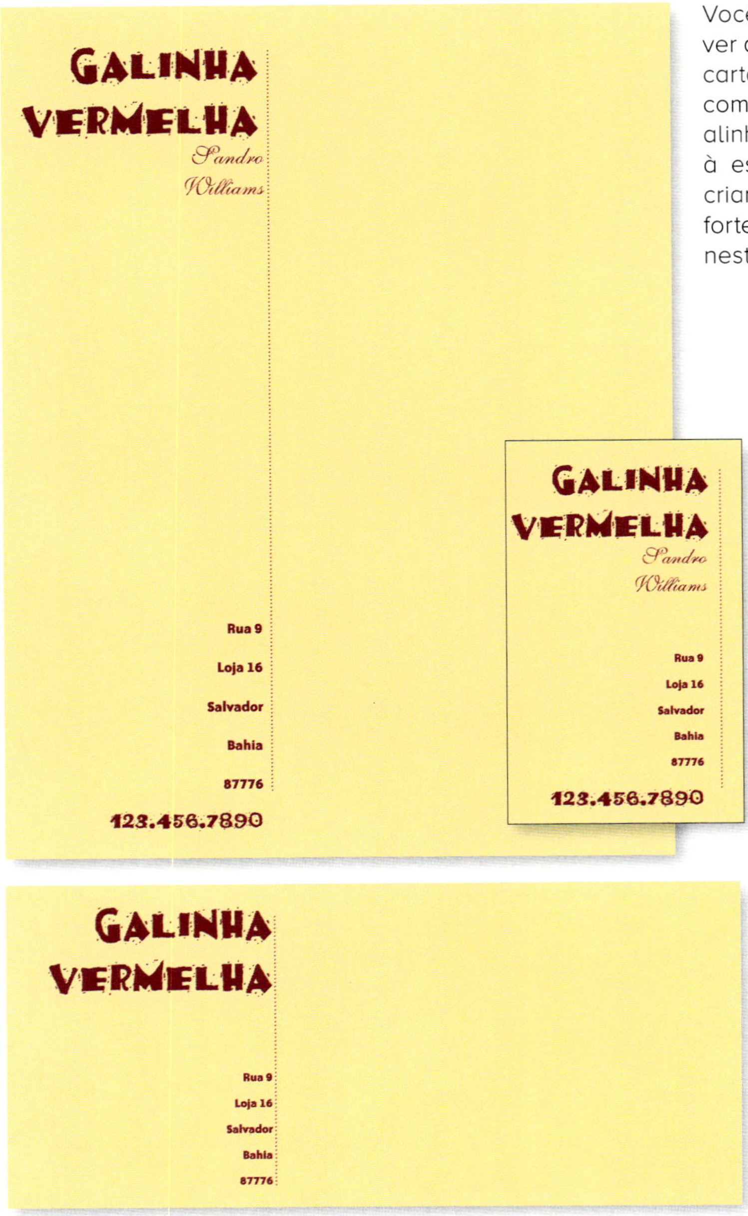

Você pode ver que uma carta impressa com um sólido alinhamento à esquerda criaria uma forte impressão nesta página.

fontes
FAJITA MILD
Shelley Volante Script
Bailey Sans Bold

A repetição ajuda a organizar as informações; ajuda a guiar o leitor pelas páginas; ajuda a unificar partes diferentes do design. Mesmo em um documento de uma página, elementos repetitivos estabelecem uma continuidade sofisticada e podem "juntar a coisa toda". Se você estiver criando vários documentos de uma só página que fazem parte de um pacote maior, é fundamental empregar a repetição.

Terence English

- Stratford-upon-Avon, Inglaterra

Objetivo

- Ganhar dinheiro

Formação

- Stratford Grammar School, eu acho
- Definitivamente nenhuma universidade

Experiência

- Ator
- Corretor da bolsa amador
- Acionista do Globe Theatre

Atividades favoritas

- Processar pessoas por pequenas somas
- Perseguir mulheres

Referências disponíveis mediante solicitação.

Repetições:

Fonte em negrito
Fonte fina
Marcadores quadrados
Recuos
Espaçamento
Alinhamentos

Além de ter fortes elementos repetitivos que deixam bem claro o que o documento quer dizer, o autor também pode incorporar um ou mais desses elementos no design da carta de apresentação.

fontes
Shannon Book
e Extra Bold
ITC Zapf Dingbats ■

Se houver um elemento que o atraia, use-o! Talvez seja uma figura ou uma fonte desenhada. Fique à vontade para acrescentar algo completamente novo apenas para aplicar a repetição. Ou pegue um elemento simples e use-o de várias maneiras: em cores, tamanhos e ângulos diferentes.

Às vezes, os itens repetidos não são *exatamente* os mesmos objetos, mas objetos com uma relação tão forte que a ligação entre eles é clara.

fonte
Anna Nicole

É divertido e eficaz tirar um elemento de uma imagem e repeti-lo. Esse pequeno triângulo poderia ser aplicado em materiais relacionados, como envelopes, cartões de resposta, bexigas etc., e tudo seria uma unidade coesiva, mesmo sem repetir o bule por inteiro.

Com frequência, você pode acrescentar elementos repetitivos que não têm nada a ver com a proposta da página. Por exemplo, espalhe alguns caracteres imitando petróglifos em um formulário de pesquisa. Insira alguns pássaros estranhos em um relatório. Coloque alguns caracteres especialmente bonitos da sua fonte em tamanho maior, em cinza ou uma cor secundária clara e em ângulos variados por toda a publicação. Não há nada errado em se divertir!

Sobrepor um elemento de design ou puxá-lo para fora das margens serve para unificar duas ou mais peças, ou para unificar o primeiro e o segundo plano, ou para unificar publicações separadas que têm um tema em comum.

O que é muito bom na repetição é que ela faz com que os itens pareçam ter uma relação, mesmo que não sejam exatamente iguais. Aqui, você pode ver que, depois de estabelecer alguns elementos repetitivos, é possível variá-los e ainda assim criar um visual consistente.

fontes
Ronnia Regular
Spumoni
MiniPics LilFolks

Usando o princípio da repetição, você pode às vezes tirar um elemento de um design já existente e criar um novo design com base nesse elemento.

Lembra-se desse papel timbrado com os pontos do capítulo 3? Para ter um elemento repetitivo, eu aproveitei os pontos. Aumentei o tamanho de dois pontos e coloquei os pequenos desenhos da Mama e do Papa dentro deles (a Mama e o Papa são, na verdade, caracteres de uma fonte chamada MiniPics LilFolks). Depois que começar, garanto que você vai se divertir criando várias opções.

fontes
By George Titling
MiniPics LilFolks

Aqui está outro exemplo de como é possível usar a repetição como base para um design. É divertido, basta encontrar um elemento do qual você gosta e brincar com ele!

Nessa experiência, eu repeti um dos pontos, deixei-o bem grande e coloquei a imagem da Mama nele.

Como não queria deixar o Papa de fora, coloquei uma versão branca dele em um ponto roxo menor e mudei-o para a cor do papel.

Não exagere na repetição, mas tente pensar “unidade com variedade”. Ou seja, se um elemento repetitivo for forte, como um círculo, você pode repeti-lo de maneiras diferentes em vez de repetir exatamente o mesmo círculo.

Às vezes, a mera sugestão de um elemento repetido pode trazer os mesmos resultados do uso da repetição por inteiro. Tente incluir apenas uma parte de um elemento familiar, ou use-o de uma maneira diferente.

fontes
Minister Bold
Wendy Bold

Se uma imagem for familiar para os leitores, basta colocar um pedaço dela para que eles façam a ligação.

fontes
Schmutz Cleaned
Bickham Script Pro

A imagem da máquina de escrever, é claro, foi usada em todos os materiais promocionais da Conferência de Produção de Roteiros; assim, neste momento, não precisamos usar o desenho inteiro. Mais uma vez, como no primeiro exemplo da página, vemos a vantagem de usar apenas parte de uma imagem repetitiva: o leitor realmente "vê" a máquina de escrever por completo.

A repetição também dá um senso de profissionalismo e autoridade para as peças. Dá ao leitor a sensação de que alguém está no comando porque a repetição é, obviamente, uma decisão de design bem pensada.

fontes
Frances Uncial
Brioso Pro Light
e italic

Mais uma vez, você pode ver que repetição não quer dizer que você deve repetir exatamente a mesma coisa. No cartão acima, os títulos têm a mesma fonte, mas em cores diferentes (unidade com variedade). As ilustrações têm estilos diferentes, mas são todas divertidas e inspiradas nos anos 50.

É necessário ter uma quantidade suficiente de elementos repetitivos para que as diferenças fiquem claras e não pareçam uma bagunça. Por exemplo, nesse cartão, vemos que todas as receitas seguem o mesmo formato. Quando há um senso básico de estrutura, você pode ser mais flexível com os outros elementos.

Resumo da repetição

A **repetição** de elementos visuais por todo o design unifica e fortalece uma peça ligando elementos que, de outra forma, estariam separados. Ela é muito útil em peças de apenas uma página e é fundamental em documentos de várias páginas (nos quais geralmente a chamamos de *consistência*).

A finalidade básica

A finalidade da repetição é **unificar** e **criar mais interesse visual.** Não subestime o poder do interesse visual de uma página; se uma peça for interessante, é mais provável que seja lida.

Como conseguir isso

Pense na repetição como uma forma de ser consistente, o que, tenho certeza, você já faz. Depois, **leve as consistências já existentes um pouco mais adiante** – você pode transformar alguns desses elementos consistentes em parte de um design gráfico consciente, tal como os títulos? Você usa uma linha de 1 ponto de tamanho no final de cada página ou sob cada título? Que tal usar uma linha de 4 pontos e deixar o elemento repetitivo mais forte e dramático?

Em seguida, pense na possibilidade de acrescentar elementos cuja única finalidade seja criar uma repetição. Você tem uma lista de itens enumerados? O que acha de usar uma fonte característica ou um número invertido e repetir esse tratamento em todas as listas enumeradas da publicação? No começo, apenas encontre repetições *já existentes* e reforce-as. Conforme for se acostumando à ideia e ao visual, comece a *criar* repetições para melhorar o design e a clareza das informações.

Utilizar a repetição é como dar um destaque às suas roupas. Se uma mulher está usando um bonito vestido de noite preto com um chique chapéu preto, ela pode dar um destaque ao vestido com sapatos de salto vermelhos, batom vermelho ou uma pequena flor vermelha.

O que evitar

Evite repetir tanto o elemento ao ponto de ele se tornar irritante ou excessivo. Tenha consciência do valor do contraste (leia o capítulo a seguir e a seção sobre contraste de fonte).

Por exemplo, se uma mulher usasse um vestido de noite preto com um chapéu vermelho, brincos vermelhos, batom vermelho, echarpe vermelha, bolsa vermelha, sapatos vermelhos e casaco vermelho, a repetição não seria um contraste belo e unificador; seria excessiva e o foco ficaria confuso.

Contraste

O contraste é uma das maneiras mais eficazes de aumentar o interesse visual de uma página – um interesse surpreendente que faz o leitor querer olhar a página – e de criar uma hierarquia organizacional entre elementos diferentes. A regra importante a ser lembrada é que, para o contraste ser efetivo, ele deve ser forte. **Não seja covarde.**

O contraste é criado quando dois elementos são diferentes. Se dois elementos forem apenas um pouco diferentes, não haverá *contraste*, haverá *conflito*. Essa é a chave; o Princípio do Contraste da Robin afirma: **"se dois itens não são exatamente iguais, faça-os serem diferentes. Muito diferentes."**

O contraste pode ser criado de várias maneiras. Você pode contrastar uma fonte grande com uma fonte pequena; uma fonte em um gracioso estilo antigo com uma fonte sem serifa em negrito; uma linha fina com uma linha grossa; uma cor fria com uma cor quente; uma textura suave com uma textura áspera; um elemento horizontal (como uma linha longa de texto) com um elemento vertical (como uma coluna alta e fina de texto); linhas bem espaçadas com linhas bem próximas; uma imagem pequena com uma imagem grande.

Mas não seja covarde. Você não pode contrastar uma fonte de 12 pontos com uma fonte de 14 pontos. Você não pode contrastar uma linha de meio ponto com uma linha de um ponto. Você não pode contrastar marrom-escuro com preto. Leve o assunto a sério.

Se os dois “informativos” a seguir aparecessem na sua mesa, qual você pegaria primeiro? Os dois têm o mesmo *layout* básico. Os dois são bonitos e organizados. Os dois têm as mesmas informações. Há, na verdade, apenas uma diferença: o informativo da direita tem mais contraste.

OUTRO INFORMATIVO!

Primeiro de janeiro de 2005

Título empolgante

Wants pawn term dare worsted ladle gull hoe hat search putty yowler coils debt pimple colder Guilty Looks. Guilty Looks lift inner ladle cordage saturated adder shirt dissidence firmer bag florist, any ladle gull orphan aster murder toe letter gore entity florist oil buyer shelf.

Subtítulo emocionante

“Guilty Looks!” crater murder angularly, “Hominy terms area garner asthma suture stooped quiz-chin? Goiter door florist? Sordidly NUT!”

“Wire nut, murder?” wined Guilty Looks, hoe dint peony tension tore murder’s scaldings.

“Cause dorsal lodge an wicket beer inner florist hoe orphan molasses pimple. Ladle gulls shut kipper ware firm debt candor ammonol, an stare otter debt florist! Debt florist’s mush toe dentures furry ladle gull!”

Outro título empolgante

Wail, pimple oil-wares wander doe wart udder pimple dum wampum toe doe. Debt’s jest hormone nurture.

Wan moaning, Guilty Looks dissipater murder, an win entity florist. Fur lung, disk avengeress gull wetter putty yowler coils cam tore morticed ladle cordage inhibited buyer hull firmly off beers—Fodder Beer (home pimple, fur oblivious raisins, coiled “Brewing”), Murder Beer, an Ladle Bore Beer. Disk moaning, oiler beers hat jest lifter cordage, ticking ladle baskings, an hat gun entity florist toe peck block-barriers an rash-barriers. Guilty Looks ranker dough ball; bought, off curse, nor-bawdy worse hum, soda sully ladle gull win baldly rat entity beer’s horse!

Subtítulo chato

Honor tipple inner darning rum, stud tree boils fuller sop—wan grade bag boiler sop, wan muddle-sash boil, an wan tawny ladle boil. Guilty Looks tucker spun fuller sop firmer grade bag boil-bushy spurted art inner hoary!

“Arch!” crater gull, “Debt sop’s toe hart—barns mar mouse!”

Dingy traitor sop inner muddle-sash boil, witch worse toe coiled. Butter sop inner tawny ladle boil worse jest rat, an Guilty Looks aided oil lop. Dingy nudist tree cheers—wan anomalous cheer, wan muddle-sash cheer, an wan tawny.

Essa página está bonita e organizada, mas não há nada nela que atraia os olhos. Se uma peça não atrair nenhum olhar, ninguém a lerá.

fonte
Tekton Regular

A razão do contraste abaixo é óbvia. Usei uma fonte mais forte e escura nos títulos e subtítulos. Repeti essa fonte (o princípio da repetição, lembra?) no título do informativo. Como escrevi o título em letras maiúsculas e minúsculas e não apenas em maiúsculas como antes, pude usar uma fonte maior e mais forte, o que também ajuda a reforçar o contraste. E, como os títulos estão muito fortes agora, pude acrescentar uma faixa escura no topo, atrás do título, repetindo a cor escura e reforçando o contraste.

Outro informativo!

Primeiro de janeiro de 2005

Título empolgante

Wants pawn term dare worsted ladle gull hoe hat search putty yowler coils debt pimple colder Guilty Looks. Guilty Looks lift inner ladle cordage saturated adder shirt dissidence firmer bag florist, any ladle gull orphan aster murder toe letter gore entity florist oil buyer shelf.

Subtítulo emocionante

"Guilty Looks!" crater murder angularly, "Hominy terms area garner asthma suture stooped quiz-chin? Goiter door florist? Sordidly NUT!"

"Wire nut, murder?" wined Guilty Looks, hoe dint peony tension tore murder's scaldings.

"Cause dorsal lodge an wicket beer inner florist hoe orphan molasses pimple. Ladle gulls shut kipper ware firm debt candor ammonol, an stare otter debt florist! Debt florist's mush toe dentures furry ladle gull!"

Outro título empolgante

Wail, pimple oil-wares wander doe wart udder pimple dum wampum toe doe. Debt's jest hormone nurture. Wan moaning, Guilty Looks dissipater murder, an win entity florist. Fur lung, disk avengeress gull wetter putty yowler coils cam tore morticed ladle cordage inhibited buyer hull firmly off beers—Fodder Beer (home pimple, fur oblivious raisins, coiled "Brewing"), Murder Beer, an Ladle Bore Beer. Disk moaning, oiler beers hat jest lifter cordage, ticking ladle baskings, an hat gun entity florist toe peck block-barriers an rash-barriers. Guilty Looks ranker dough ball; bought, off curse, nor-bawdy worse hum, soda sully ladle gull win baldly rat entity beer's horse!

Subtítulo chato

Honor tipple inner darning rum, stud tree boils fuller sop—wan grade bag boiler sop, wan muddle-sash boil, an wan tawny ladle boil. Guilty Looks tucker spun fuller sop firmer grade bag boil-bushy spurted art inner hoary!

"Arch!" crater gull, "Debt sop's toe hart—barns mar mouse!"

Dingy traitor sop inner muddle-sash boil, witch worse toe coiled. Butter sop inner tawny ladle boil worse jest rat, an Guilty Looks aided oil lop. Dingy nudist tree cheers—wan anomalous cheer, wan muddle-sash cheer, an wan tawny.

Você concorda que seu olhar foi atraído para essa página e não para a anterior?

fontes
Tekton Regular
Aachen Bold

O contraste é essencial para organizar as informações. Sempre que olhar para um documento, o leitor deve ser capaz de entender no mesmo instante do que se trata.

James Clifton Thomas
Rua Penny Lane, 123
Portland, OR 97211
(888) 555-1212

PERFIL:
Jovem trabalhador com diversos talentos, bom relacionamento com colegas, confiável e alegre.

EXPERIÊNCIA:
Janeiro de 2006 até hoje Web designer e desenvolvedor. Trabalha com uma equipe profissional de criação em Portland.

Maio de 2000 – Janeiro de 2006 Creche Cesta de Flores. Trocou fraldas, ensinou truques de mágica e pintura, limpou narizes, leu livros e dançou com bebês e crianças. Também coordenou programações, contratou outros professores e desenvolveu programas para crianças.

Verão de 2006 Atualizou o livro campeão de vendas *Web Design para não Designers* com a mãe (Robin Williams) e John Tollett.

1997 – 2000 Criou e liderou uma banda de ska chamada Lead Veins. Desenvolveu o site e coordenou a turnê nacional.

FORMAÇÃO:
2002 – 2005 Universidade de Arte de Pacific Northwest, Portland, Oregon: Bacharelado em Gravuras
1999-2000 Colégio de Santa Rosa, Santa Rosa, Califórnia
1997-1998 Colégio Santa Fé, Santa Fé, Novo México
1982-1986 Creche Enseada das Flores, Santa Rosa, Califórnia

AFILIAÇÕES PROFISSIONAIS:
Grande Clube Nacional de Monotipos, secretário executivo, 2000 – 2002
Idiotas da Invenção, Músicos de Portland, presidente, 1999 – hoje
Organização Local de Crianças de Robin Williams, 1982 – hoje

HOBBIES:
Snowboard, skate, sapateado, culinária, mágica, música (trompete, bateria, canto, baixo), desenho de retratos

Referências disponíveis mediante solicitação.

fonte
Times New Roman

Esse é um currículo bem comum. As informações estão todas aí e, se alguém realmente quiser, vai lê-lo. Porém, ele com certeza não chama a atenção.

Observe estes problemas:

- Há dois alinhamentos na página: centralizado e à esquerda.
- O tamanho dos espaços entre elementos separados é muito parecido.
- A organização é inconsistente; às vezes, as datas estão na esquerda, às vezes, na direita. Lembre-se, consistência cria repetição.
- O nome dos cargos mistura-se com o corpo do texto.

Observe que não apenas a página fica mais atraente quando o contraste é usado, mas a finalidade e a organização do documento ficam muito mais claras. Seu currículo é a primeira impressão que alguém tem de você, por isso, ele deve ser marcante.

fontes
Ronnia Bold
Warnock Pro Regular
e Italic

James Clifton Thomas

Rua Penny Lane, 123
Portland, OR 97211
(888) 555-1212

Perfil

Jovem trabalhador com diversos talentos, bom relacionamento com colegas, confiável e alegre.

Experiência

2006 – hoje — **Web designer e desenvolvedor.** Trabalhou com uma equipe profissional de criação em Portland.

2000 – 2006 — **Creche Cesta de Flores.** Trocou fraldas, ensinou truques de mágica e pintura, limpou narizes, leu livros e dançou com bebês e crianças. Também coordenou programações, contratou outros professores e desenvolveu programas para crianças.

Verão de 2006 — **Atualizou o livro campeão de vendas ,** *Web design para não designers* com a mãe (Robin Williams) e John Tollett.

1997 a 2000 — Criou e liderou uma banda de ska chamada Lead Veins. Desenvolveu o site e coordenou a turnê nacional.

Formação

2002–2005 — Universidade de Arte de Pacific Northwest, Portland, Oregon: **Bacharelado em Gravuras**
1999–2000 — Colégio de Santa Rosa, Santa Rosa, Califórnia
1997–1998 — Colégio de Santa Fé, Santa Fé, Novo México
1982–1986 — Creche Enseada das Flores, Santa Rosa, Califórnia

Afiliações Profissionais

2000–2002 — Grande Clube Nacional de Monotipos, secretário executivo
1999–hoje — Idiotas da Invenção, Músicos de Portland, presidente
1982–hoje — Organização Local de Crianças de Robin Williams

Hobbies

Snowboard, skate, sapateado, culinária, mágica, música (trompete, bateria, canto, baixo), desenho de retratos

Referências disponíveis mediante solicitação.

Os problemas foram corrigidos com facilidade.

Um único alinhamento: à esquerda. Como podemos ver acima, usar apenas um alinhamento não quer dizer que tudo é alinhado com a **mesma margem**. Significa apenas que tudo tem o **mesmo alinhamento** (tudo à esquerda ou tudo à direita ou tudo centralizado). As duas linhas do alinhamento à esquerda são bastante fortes e reforçam uma à outra (**alinhamento** e **repetição**).

Os títulos são fortes; você sabe imediatamente o que é esse documento e quais são os pontos-chave (**contraste**).

Os segmentos são separados por mais espaço do que as linhas individuais de texto (**contraste** nas relações espaciais; **proximidade**).

Diplomas e nomes de cargos estão em negrito (uma **repetição** da fonte do título). O forte **contraste** permite que você passe os olhos pelos pontos importantes.

A maneira mais fácil de criar contrastes interessantes é com as fontes (que são o foco da segunda metade deste livro). Porém, não se esqueça das linhas desenhadas, das cores, do espaço entre os elementos, das texturas etc.

Se você colocar uma linha muito fina entre as colunas, use uma linha grossa de 2 ou 4 pontos quando precisar novamente; não use uma linha de meio ponto e uma de 1 ponto na mesma página. Se usar uma segunda cor para destacar, certifique-se de que as cores contrastam (marrom-escuro e azul-escuro não têm um contraste efetivo com texto preto).

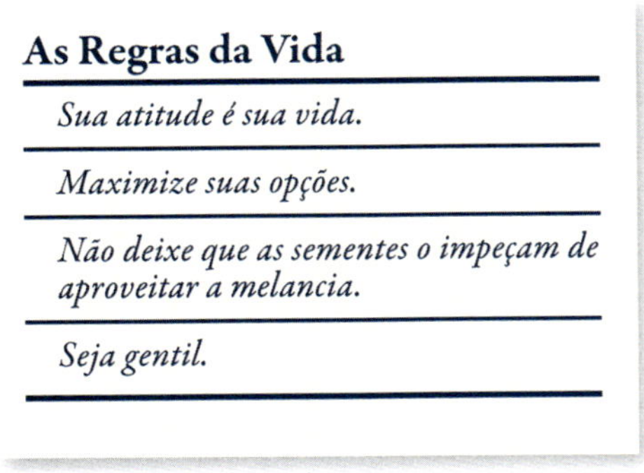
As Regras da Vida
Sua atitude é sua vida.
Maximize suas opções.
Não deixe que as sementes o impeçam de aproveitar a melancia.
Seja gentil.

Há um pouco de contraste entre as fontes e entre as linhas, mas é fraco. As linhas deviam mesmo ter duas espessuras diferentes? Ou foi um erro?

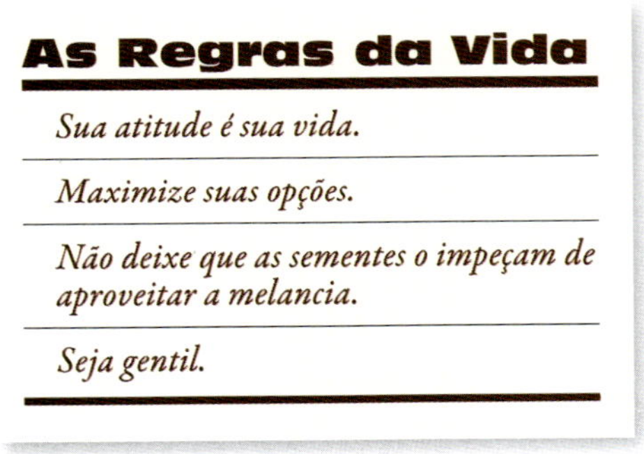
As Regras da Vida
Sua atitude é sua vida.
Maximize suas opções.
Não deixe que as sementes o impeçam de aproveitar a melancia.
Seja gentil.

Agora, o forte contraste entre as fontes deixa a peça muito mais dinâmica e ela chama mais atenção.

Com um contraste marcante entre as espessuras das linhas, não existe o risco de alguém pensar que foi um erro.

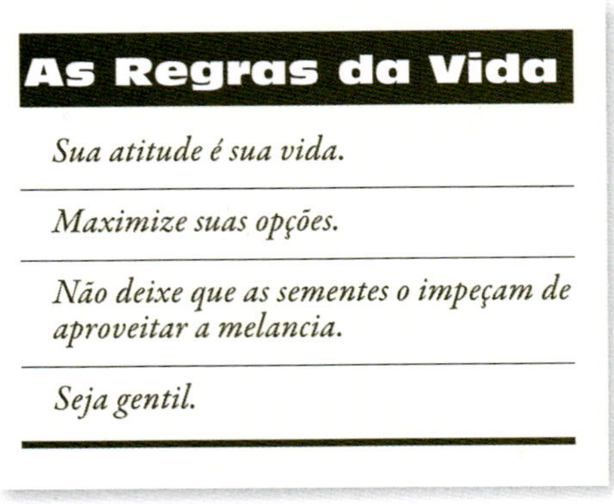
As Regras da Vida
Sua atitude é sua vida.
Maximize suas opções.
Não deixe que as sementes o impeçam de aproveitar a melancia.
Seja gentil.

Esta é apenas outra opção de uso das linhas (a linha grossa está atrás das letras brancas).

Com o contraste, a tabela toda fica mais forte e sofisticada; você sabe onde ela começa e onde termina.

fontes
Antique Olive Nord
Garamond Premier Pro Medium Italic

Se você usar colunas altas e finas em um informativo, coloque títulos fortes para criar uma direção horizontal contrastante pela página.

Combine o contraste com a repetição, como nos números de páginas, ou títulos, ou marcadores, ou linhas, ou organizações espaciais, para criar uma identidade forte e unificada em toda a publicação.

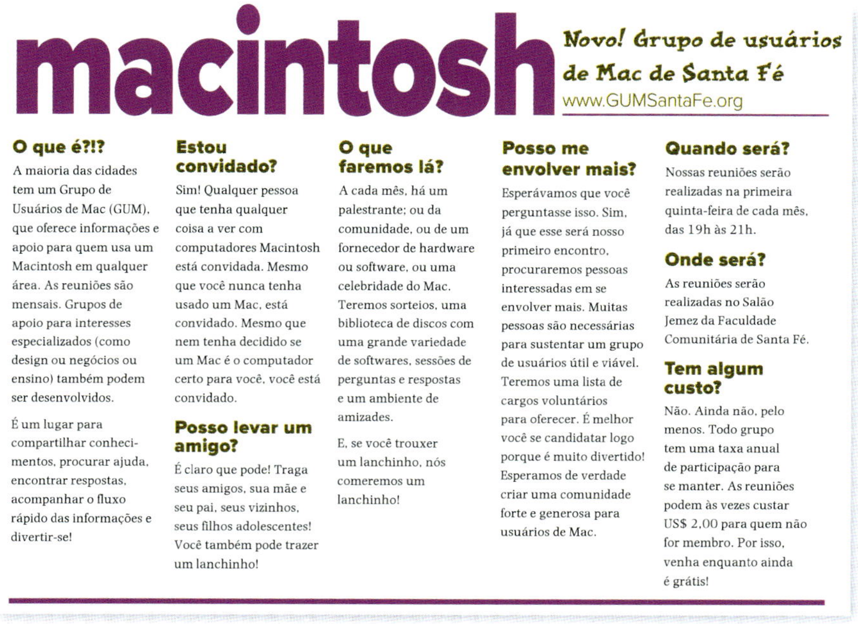

macintosh

Novo! Grupo de usuários de Mac de Santa Fé

www.GUMSantaFe.org

O que é?!?

A maioria das cidades tem um Grupo de Usuários de Mac (GUM), que oferece informações e apoio para quem usa um Macintosh em qualquer área. As reuniões são mensais. Grupos de apoio para interesses especializados (como design ou negócios ou ensino) também podem ser desenvolvidos.

É um lugar para compartilhar conhecimentos, procurar ajuda, encontrar respostas, acompanhar o fluxo rápido das informações e divertir-se!

Estou convidado?

Sim! Qualquer pessoa que tenha qualquer coisa a ver com computadores Macintosh está convidada. Mesmo que você nunca tenha usado um Mac, está convidado. Mesmo que nem tenha decidido se um Mac é o computador certo para você, você está convidado.

Posso levar um amigo?

É claro que pode! Traga seus amigos, sua mãe e seu pai, seus vizinhos, seus filhos adolescentes! Você também pode trazer um lanchinho!

O que faremos lá?

A cada mês, há um palestrante; ou da comunidade, ou de um fornecedor de hardware ou software, ou uma celebridade do Mac. Teremos sorteios, uma biblioteca de discos com uma grande variedade de softwares, sessões de perguntas e respostas e um ambiente de amizades.

E, se você trouxer um lanchinho, nós comeremos um lanchinho!

Posso me envolver mais?

Esperávamos que você perguntasse isso. Sim, já que esse será nosso primeiro encontro, procuraremos pessoas interessadas em se envolver mais. Muitas pessoas são necessárias para sustentar um grupo de usuários útil e viável. Teremos uma lista de cargos voluntários para oferecer. É melhor você se candidatar logo porque é muito divertido! Esperamos de verdade criar uma comunidade forte e generosa para usuários de Mac.

Quando será?

Nossas reuniões serão realizadas na primeira quinta-feira de cada mês, das 19h às 21h.

Onde será?

As reuniões serão realizadas no Salão Jemez da Faculdade Comunitária de Santa Fé.

Tem algum custo?

Não. Ainda não, pelo menos. Todo grupo tem uma taxa anual de participação para se manter. As reuniões podem às vezes custar US$ 2,00 para quem não for membro. Por isso, venha enquanto ainda é grátis!

Além do contraste de fontes nesse cartão, também há um contraste entre o título longo e horizontal e as colunas altas e finas. As colunas são um elemento repetitivo, assim como um exemplo de contraste.

fontes
Proxima Nova Black
(título condensado a 75%)
Improv Regular
Photina Regular

O exemplo abaixo é um *flyer* comum. O maior problema é que as linhas de texto são muito longas para serem lidas com conforto e não há nada que atraia o olhar do leitor para o texto.

Crie um título que chame a atenção. Depois que os olhos do leitor já estiverem na página, crie algum contraste para que, mesmo que ele não planeje ler tudo, seu olhar seja atraído para certas partes do texto enquanto ele faz uma leitura corrida. Melhore o *layout* com alinhamentos fortes e com o uso da proximidade.

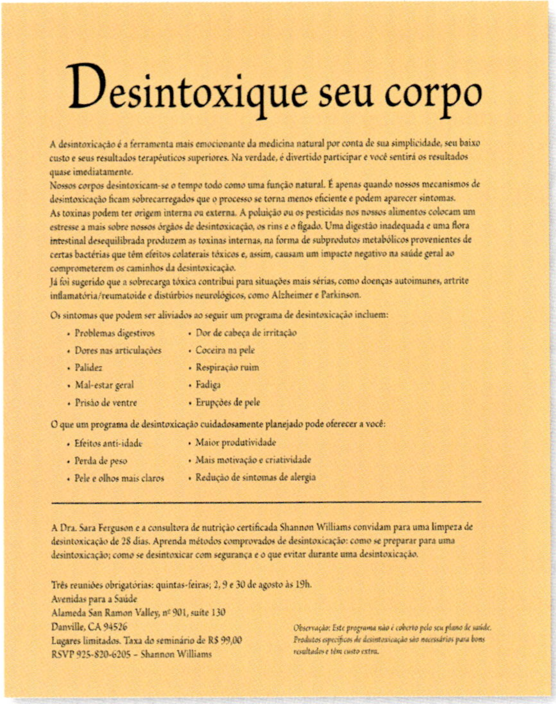

Desintoxique seu corpo

A desintoxicação é a ferramenta mais emocionante da medicina natural por conta de sua simplicidade, seu baixo custo e seus resultados terapêuticos superiores. Na verdade, é divertido participar e você sentirá os resultados quase imediatamente.
Nossos corpos desintoxicam-se o tempo todo como uma função natural. É apenas quando nossos mecanismos de desintoxicação ficam sobrecarregados que o processo se torna menos eficiente e podem aparecer sintomas.
As toxinas podem ter origem interna ou externa. A poluição ou os pesticidas nos nossos alimentos colocam um estresse a mais sobre nossos órgãos de desintoxicação, os rins e o fígado. Uma digestão inadequada e uma flora intestinal desequilibrada produzem as toxinas internas, na forma de subprodutos metabólicos provenientes de certas bactérias que têm efeitos colaterais tóxicos e, assim, causam um impacto negativo na saúde geral ao comprometerem os caminhos da desintoxicação.
Já foi sugerido que a sobrecarga tóxica contribui para situações mais sérias, como doenças autoimunes, artrite inflamatória/reumatoide e distúrbios neurológicos, como Alzheimer e Parkinson.

Os sintomas que podem ser aliviados ao seguir um programa de desintoxicação incluem:

- Problemas digestivos
- Dores nas articulações
- Palidez
- Mal-estar geral
- Prisão de ventre
- Dor de cabeça de irritação
- Coceira na pele
- Respiração ruim
- Fadiga
- Erupções de pele

O que um programa de desintoxicação cuidadosamente planejado pode oferecer a você:

- Efeitos anti-idade
- Perda de peso
- Pele e olhos mais claros
- Maior produtividade
- Mais motivação e criatividade
- Redução de sintomas de alergia

A Dra. Sara Ferguson e a consultora de nutrição certificada Shannon Williams convidam para uma limpeza de desintoxicação de 28 dias. Aprenda métodos comprovados de desintoxicação: como se preparar para uma desintoxicação; como se desintoxicar com segurança e o que evitar durante uma desintoxicação.

Três reuniões obrigatórias: quintas-feiras; 2, 9 e 30 de agosto às 19h.
Avenidas para a Saúde
Alameda San Ramon Valley, nº 901, suíte 130
Danville, CA 94526
Lugares limitados. Taxa do seminário de R$ 99,00
RSVP 925-820-6205 – Shannon Williams

Observação: Este programa não é coberto pelo seu plano de saúde. Produtos específicos de desintoxicação são necessários para bons resultados e têm custo extra.

fontes
Brioso Pro Regular
e Italic

Por onde você começaria a melhorar esse *flyer*?

As linhas são tão longas que o leitor automaticamente perde o interesse. Quando se tem tanto texto assim, experimente usar mais de uma coluna, como é mostrado na página anterior e nas próximas.

Encontre as frases-chave para destacá-las em negrito, para que o contraste visual atraia o olhar.

Talvez, comece com algumas informações introdutórias para que o leitor já tenha uma ideia da finalidade do *flyer*. É necessário menos compromisso para ler informações curtas. Dessa forma, você seduz o olhar do leitor oferecendo um caminho inicial.

Não tenha medo de diminuir alguns itens para criar o contraste com itens maiores e não tenha medo de deixar espaços em branco! Depois de fisgar o leitor com um ponto de foco, ele lerá as letras menores se estiver interessado. Se ele não estiver interessado, não importa o *tamanho* da letra.

Observe que todos os outros princípios entram no jogo: proximidade, alinhamento e repetição. Eles trabalham juntos para criar o efeito total. É raro usar apenas um princípio de design em uma página.

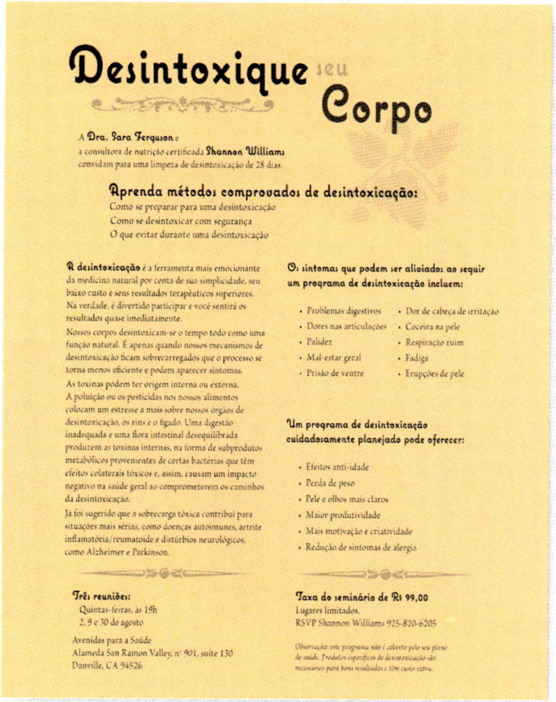

fontes
Coquette Bold
Brioso Pro Regular
e Italic

Como esse *flyer* será impresso em preto e branco sobre papel colorido, usamos vários tons de cinza para os ornamentos e para aumentar o interesse no título.

Preste atenção nos seus olhos enquanto eles passam sobre esse documento. Você percebe que eles são atraídos pelos textos em negrito e você é quase forçado a ler pelo menos essas partes? Se conseguir que as pessoas cheguem até esse ponto, muitas delas com certeza lerão mais.

O contraste é o mais divertido dos princípios de design... e o mais dramático! Algumas mudanças simples podem fazer a diferença entre um design comum e um poderoso.

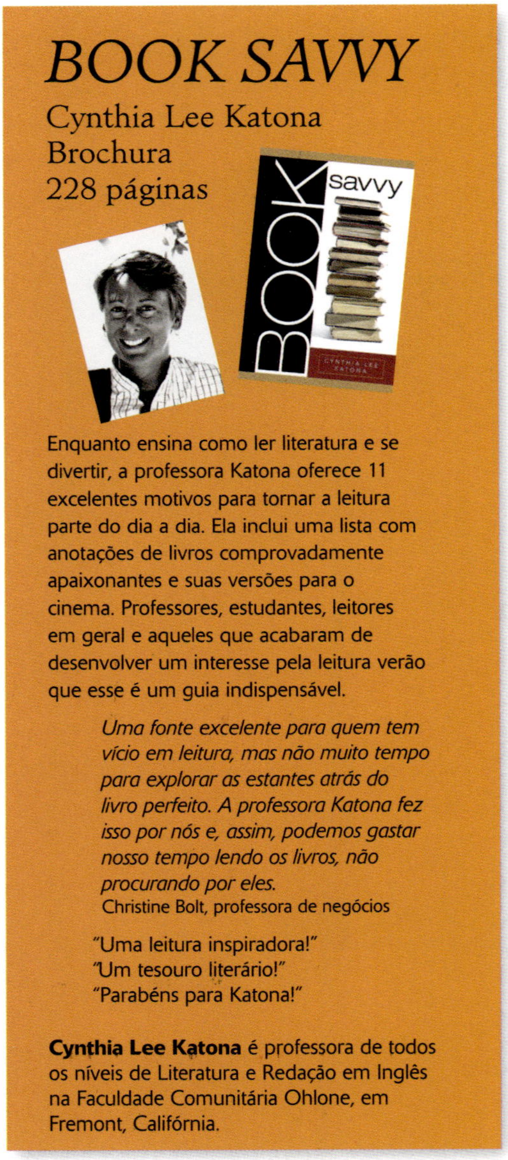

fontes
Minister Light
e Light Italic
Delta Jaeger Light
e Medium

Esse cartão sobre um ótimo livro é um pouco fraco. Na página ao lado, acrescentamos um pouco de contraste. Você consegue apontar pelo menos quatro exemplos de contrastes criados?

Qual destes dois cartões provavelmente chamaria mais a sua atenção? Esse é o poder do contraste: ele dá muito mais vigor. Apenas algumas mudanças simples e a diferença é impressionante!

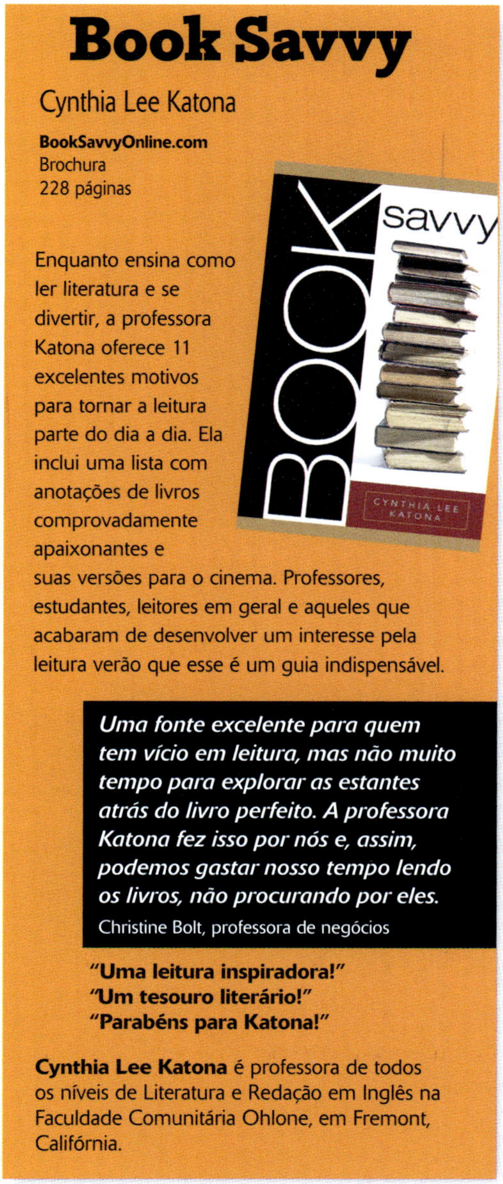

fontes
Silica Bold
Delta Jaeger Light
e Medium

Mudar o título/nome do livro de letras maiúsculas para maiúsculas e minúsculas proporcionou mais espaço para que ele ficasse maior e mais grosso.

Já que este cartão é a propaganda de um livro, vamos aumentar a imagem do livro!

Para criar repetição, eu escolhi o fundo preto forte que aparece na capa do livro.

Coloquei a foto de Cynthia no outro lado do cartão porque este lado estava ficando muito lotado.

É claro que poucas vezes o contraste é o único conceito que deve ser enfatizado; porém, você verá com frequência que, se acrescentar contraste, os outros conceitos vão parecer entrar no lugar. Por exemplo, os elementos de contraste podem às vezes ser usados como elementos de repetição.

fontes
Tapioca
Times New Roman
Helvetica Regular

Esse anúncio foi publicado no jornal local. Além do alinhamento centralizado, da falta de proximidade e repetição e da fonte sem graça, falta contraste nesse design. Não há nada nele que faz uma pessoa querer lê-lo de verdade. O cachorrinho é fofo, mas isso é tudo.

Bem, há um pouco de contraste e de repetição (você consegue achar?), mas são fracos. O designer tentou, mas é muito tímido.

Tenho certeza de que você já viu (ou criou) muitas peças como essa. Tudo bem. Agora você tem mais conhecimento.

(Observe que o adorável filhote está olhando na direção **contrária** do nome da loja. O olhar do leitor sempre segue o olhar do que há na página; assim, garanta que esse olhar leve o leitor a focar na peça.)

Embora o anúncio abaixo pareça um salto radical do documento da página anterior, é, na verdade, apenas uma aplicação metódica dos quatro princípios básicos.

fontes
Tapioca
Bailey Sans ExtraBold

Certo, estes são os passos a seguir para pegar o anúncio da esquerda e começar a transformá-lo em algo parecido com o documento acima.

Liberte-se da Times New Roman e da Arial/Helvetica. Elimine-as das suas **opções de fontes**. Confie em mim. (Por favor, liberte-se da Sand também.)

Liberte-se do **alinhamento** centralizado. Sei que é difícil, mas você tem de fazer isso agora. Mais tarde, poderá volta a fazer experiências com ele.

Encontre os itens mais interessantes e importantes da página e **enfatize-os!** Nesse caso, o mais interessante é o cachorro e o mais importante é o nome da loja. Mantenha os elementos mais importantes juntos, para que o leitor não perca o **foco**.

Junte as informações em grupos lógicos. Use o **espaço** para separar itens ou uni-los.

Encontre elementos que possam ser **repetidos** (inclusive elementos de contraste).

E, o que é mais importante, crie **contraste**. Acima, você pode ver o contraste entre o branco e o preto, no logo azul, na fonte cinza, nos tamanhos das fontes e nas escolhas de fontes.

Trabalhe um conceito por vez. Garanto que ficará impressionado com o que você pode criar.

O exemplo abaixo é o mesmo do capítulo 2, no qual discutimos a proximidade. É bom e limpo, mas veja, na outra página, quanta diferença um pouco de contraste faz.

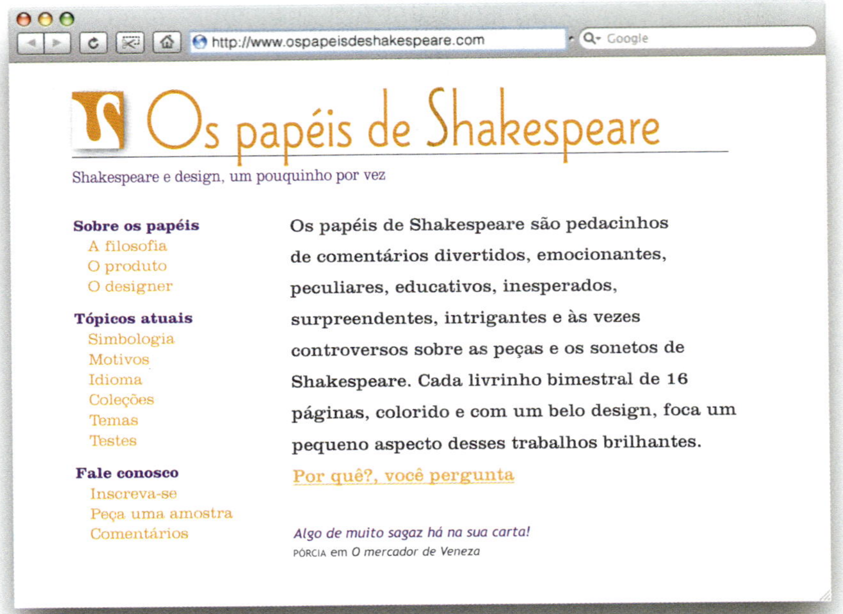

Já existe um pouco de contraste nessa página de internet, mas podemos ir além usando o princípio do contraste em alguns dos elementos.

fontes
Wade Sans Light
Clarendon Light,
Roman, e Bold
Trebuchet Regular e *Italic*

Espero que você esteja começando a ver como o contraste é importante para um design e como é fácil criar contraste. Você só precisa ter consciência dele. Depois de ter o contraste, elementos dele podem ser usados para repetição.

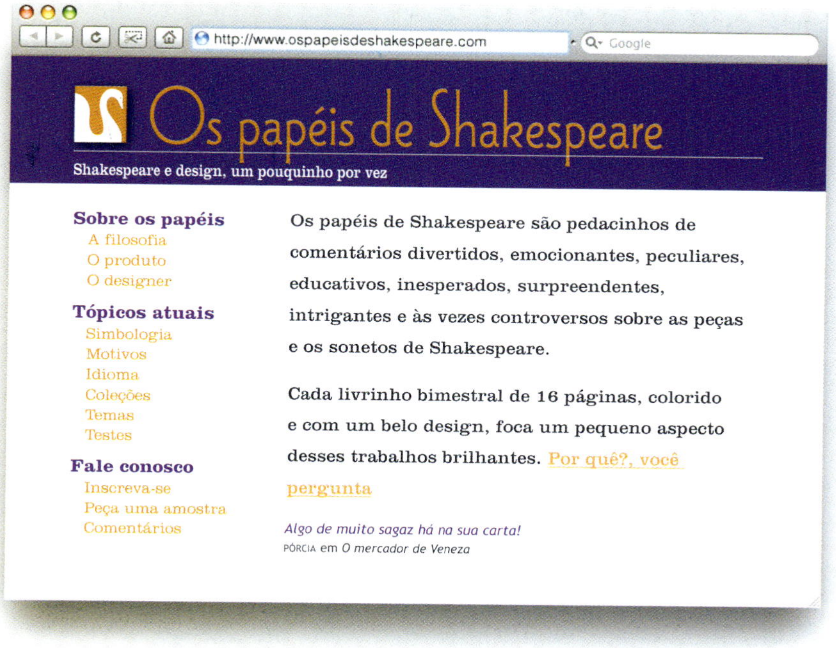

Tudo o que fiz foi acrescentar um fundo de cor escura. A página está muito mais dinâmica e interessante de ver.

Resumo do contraste

O **contraste** de uma página atrai o nosso olhar; nossos olhos *gostam* de contraste. Se for colocar dois elementos diferentes em uma página (como duas fontes ou duas espessuras de linhas), eles não podem ser *parecidos*; para que o contraste seja eficaz, os dois elementos devem ser muito diferentes.

O contraste é como escolher a tinta certa para pintar pequenas rachaduras na parede: você não pode usar a tinta *quase* igual; ou consegue a cor exata ou tem de pintar a parede toda de novo. Como meu avô, um ávido atirador de ferraduras, sempre dizia: "'*quase*' só conta quando se trata de ferraduras e granadas de mão."

A finalidade básica

O contraste tem duas finalidades e elas não podem ser separadas. Uma é **criar interesse na página** — se uma página for interessante de olhar, é mais provável que ela seja lida. A outra finalidade é ajudar na **organização** da informação. O leitor deve conseguir entender imediatamente a maneira como a informação está organizada, o fluxo natural de um item para outro. Os elementos contrastantes nunca devem confundir o leitor ou criar um foco que não deveria ser um foco.

Como conseguir isso

Crie contraste por meio das escolhas de fontes (veja a próxima seção), das espessuras das linhas, das cores, das formas, dos tamanhos, dos espaços etc. É fácil encontrar formas de acrescentar contraste e é, provavelmente, a maneira mais divertida e satisfatória de criar interesse visual. O importante é que ele seja forte.

O que evitar

Não seja covarde. Se vai criar contraste, faça-o de maneira bem marcante. Evite contrastar uma linha meio grossa com uma linha um pouco mais grossa. Evite contrastar texto marrom com títulos pretos. Evite usar duas ou mais fontes que sejam parecidas. Se os itens não forem exatamente iguais, **faça-os serem diferentes!**

Revisão

Há mais um princípio de orientação geral para o design (e para a vida): **não seja covarde.**

Não tenha medo de criar o seu design (ou sua vida) com bastante espaço em branco... É para descansar os olhos (e a alma).

Não tenha medo de ser assimétrico, de descentralizar o formato; isso em geral deixa o efeito mais forte. Não há problema em fazer algo inesperado.

Não tenha medo de colocar palavras muito grandes ou muito pequenas; não tenha medo de falar alto ou sussurrar. Os dois podem ser eficazes na situação certa.

Não tenha medo de deixar as imagens muito fortes ou bem minimalistas, desde que o resultado complemente ou reforce o seu design ou sua atitude.

Vamos pegar a capa de relatório sem graça que você vê abaixo e aplicar aos poucos cada um dos quatro princípios do design.

Sua atitude

é sua vida

Lições da criação de três filhos

como mãe solteira

Robin Williams

9 de outubro

Uma capa de relatório muito comum, mas sem graça: centralizada, com espaços iguais para caber na página. Se você não soubesse português, poderia pensar que há seis tópicos separados nesta página. Cada linha parece um elemento à parte.

fontes
Berthold Walbaum Book Bold
Hypatia Sans Pro Regular e Light

Proximidade

Se os itens tiverem relação uns com os outros, agrupe-os. Itens separados *não* estão diretamente relacionados um ao outro. Varie o espaço entre eles para indicar a proximidade ou a importância da relação. Além de criar um visual melhor para a página, a comunicação também fica mais clara.

Sua atitude é sua vida

Lições da criação de três filhos como mãe solteira

Robin Williams
9 de outubro

Ao colocar o título e o subtítulo juntos, agora temos uma unidade bem definida, em vez de seis unidades aparentemente sem relação. Agora fica claro que esses dois tópicos têm uma relação.

Quando afastamos mais a linha de crédito e a data, logo fica claro que, embora sejam informações relacionadas e possivelmente importantes, não fazem parte do título.

Alinhamento

Tenha consciência de cada elemento que você coloca na página. Para que a página toda fique unificada, alinhe cada objeto com a margem de outro objeto. Se os alinhamentos forem fortes, então você poderá, ocasionalmente, *decidir* quebrar um alinhamento e não parecerá um erro.

Sua atitude é sua vida

Lições da criação de três filhos como mãe solteira

Robin Williams
9 de outubro

Embora o nome da autora esteja longe do título, há uma ligação visual entre os dois elementos por conta do alinhamento de um com o outro.

O exemplo da página anterior também está alinhado, um alinhamento centralizado. Como você pode ver, no entanto, um alinhamento à esquerda ou à direita (como é mostrado acima) cria uma margem mais forte, uma linha marcante que guiará o olhar.

Um alinhamento à esquerda ou à direita, em geral, tende a dar um visual mais sofisticado do que um alinhamento centralizado.

Repetição

A repetição é uma poderosa maneira de ser consistente. Olhe os elementos que já se repetem (marcadores, fontes, linhas, cores etc.); veja se seria adequado deixar um desses elementos mais forte e repeti-lo. A repetição também ajuda a aumentar a sensação de reconhecimento que o leitor tem em relação à entidade representada pelo design.

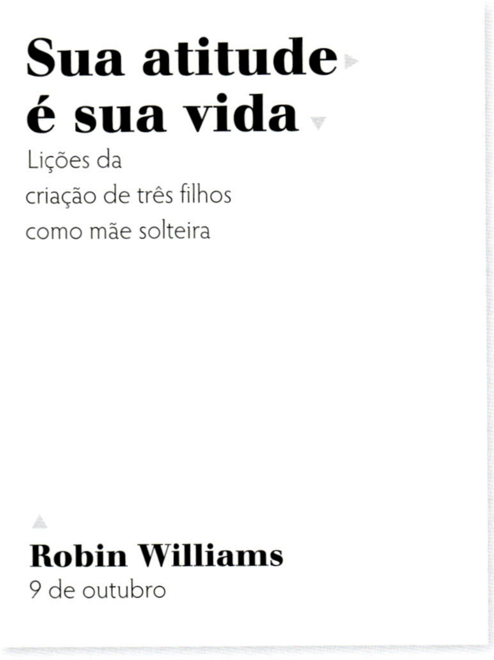
Sua atitude
é sua vida
Lições da
criação de três filhos
como mãe solteira
Robin Williams
9 de outubro

A fonte característica no **título** é repetida no **nome** da autora, o que aumenta a ligação entre eles, embora estejam fisicamente longe na página. A fonte do outro texto agora é leve.

Os pequenos triângulos foram acrescentados especificamente para criar a repetição. Embora apontem para direções diferentes, a forma triangular é característica o bastante para ser reconhecida todas as vezes.

A cor dos triângulos também é um elemento repetido. A repetição ajuda a unir partes separadas de um design.

Contraste

Você concorda que o exemplo desta página atrai mais o seu olhar do que o exemplo da página anterior? É o contraste, o preto forte *versus* o branco, que faz isso. Você pode criar contraste de muitas formas: linhas, fontes, cores, relações de espaço, direções etc. A segunda metade deste livro discute o tópico específico do contraste de fontes.

Sua atitude
é sua vida

Lições da
criação de três filhos
como mãe solteira

Robin Williams
9 de outubro

Criar contraste aqui foi uma simples questão de acrescentar as caixas pretas.

Desafio nº 1: Princípios do design

Encontre pelo menos sete diferenças entre os dois exemplos de currículos abaixo. Circule cada diferença e nomeie o princípio do design que ela desrespeita. Descreva quais são as mudanças a serem feitas.

Currículo: Launcelot Gobbo
Canal da Água, nº 73
Veneza, Itália

Formação

- Escola Gramatical de Ravenna
- Escola de Veneza, formado com honra ao mérito
- Escola de Comércio para Serventes

Experiência

1593 Assistente de cozinha, Propriedade de Antipholus
1597 Aprendiz de jardineiro, Dinastia Tudor
1598 Estágio de mordomo, Pembrokes

Referências

- Shylock, o agiota
- Bassânio, o aventureiro

Currículo

▾ Launcelot Gobbo
Canal da Água, nº 73
Veneza, Itália

Formação

▴ Escola Gramatical de Ravenna
▴ Escola de Veneza, formado com honra ao mérito
▴ Escola de Comércio para Serventes

Experiência

▴ 1593 Assistente de cozinha, Propriedade de Antipholus
▴ 1597 Aprendiz de jardineiro, Dinastia Tudor
▴ 1598 Estágio de mordomo, Pembrokes

Referências

▴ Shylock, o agiota
▴ Bassânio, o aventureiro

1 ______________________________

____

____

2 ______________________________

____

____

3 ______________________________

____

____

4 ______________________________

____

____

5 ______________________________

____

____

6 ______________________________

____

____

7 ______________________________

____

fontes
Shannon ExtraBold
Adobe Jenson Pro
ITC Zapf Dingbats ▲

Desafio nº 2: Redesenhe este anúncio

Quais são os problemas com este anúncio de revista? Indique os problemas para encontrar as soluções.

Dicas: Existe um ponto de foco principal? Por que não e como você pode criar um? POR QUE UMA PARTE TÃO GRANDE DO TEXTO ESTÁ EM MAIÚSCULAS? São necessárias a margem grossa *e* as caixas de dentro? Quantas fontes diferentes foram usadas? Quantos alinhamentos diferentes? Os elementos lógicos estão agrupados? O que você poderia usar como elementos repetitivos?

Pegue um papel vegetal e desenhe o contorno do anúncio. Depois, arrastando o papel, desenhe os elementos individuais, arrumando-os para fazer um anúncio mais profissional, limpo e direto. Trabalhe cada princípio: proximidade, alinhamento, repetição e contraste. Algumas sugestões sobre como começar estão nas páginas seguintes.

OS PAPÉIS DE SHAKESPEARE
SHAKESPEARE E DESIGN
http://www.ospapeisdeshakespeare.com
OS PAPÉIS DE SHAKESPEARE SÃO FOLHETOS BIMESTRAIS COM COMENTÁRIOS DIVERTIDOS, EMOCIONANTES, PECULIARES, EDUCATIVOS, INESPERADOS, SURPREENDENTES, INTRIGANTES E ÀS VEZES CONTROVERSOS SOBRE AS PEÇAS E OS SONETOS DE SHAKESPEARE.
APENAS R$ 35,00 ANUAIS POR SEIS EDIÇÕES DE COLECIONADOR
INSCRIÇÃO NECESSÁRIA
LIGUE OU ESCREVA PARA
cleo@ospapeisdeshakespeare.com
Alameda Doce Cisne, nº 7
Cidade Cisne, Calif. 94536
telefone (505) 424-7926

fontes
Wade Sans Light
Helvetica Neue Bold Oblique
Trade Gothic Medium
Verdana Regular
Times New Roman
Viceroy

Desafio nº 2, continuação: Sugestões para o design de um anúncio

Saber por onde começar, às vezes, pode ser complicado demais. Por isso, em primeiro lugar, vamos fazer uma limpeza geral.

Primeiramente, livre-se de tudo o que for supérfluo, para saber com o que você vai trabalhar. Por exemplo, você não precisa do "http://" (nem mesmo do "www") em um endereço de internet. Você não precisa das palavras "telefone", "ligue" ou "escreva" porque o formato do texto e os números já dizem o que cada item é. Você não precisa de QUATRO logotipos. Você não precisa dos quadros internos. Você não precisa de letras todas maiúsculas. Você não precisa de "CALIF." (fica bagunçado); use a sigla do estado, CA, ou o nome inteiro. Você não precisa de parênteses no código de área.

Os cantos arredondados da margem fazem o anúncio parecer fraco; também entram em conflito com os cantos retos do logo. Portanto, deixe a borda mais fina e os cantos retos (se o anúncio for colorido, talvez você possa usar uma cor suave de fundo em vez da margem). Escolha uma ou duas fontes.

Os papéis de Shakespeare
Shakespeare e design
OsPapeisdeShakespeare.com
Os papéis de Shakespeare são folhetos bimestrais com comentários divertidos, emocionantes, peculiares, educativos, inesperados, surpreendentes, intrigantes e às vezes controversos sobre as peças e os sonetos de Shakespeare.
Apenas R$ 35,00 anuais por seis edições de colecionador
inscrição necessária
ligue ou escreva para
cleo@OsPapeisdeShakespeare.com
Alameda Doce Cisne, nº 7
Cidade Cisne, CA 94536
505.424.7926

Endereços de internet e de e-mail são mais fáceis de ler se as letras principais estiverem em maiúsculas.

fontes
Wade Sans Light
Brioso Pro Light
e Bold Italic

Agora que você pode ver com o que está trabalhando realmente, determine qual deve ser o ponto de foco. O ponto de foco pode ser um pouco diferente dependendo de onde o anúncio será colocado. Por exemplo, se for um anúncio de optometrista em uma lista telefônica, o ponto de foco deve ser "optometria" e não o nome do médico; o leitor passa os olhos pela lista telefônica procurando alguém *daquela especialidade* e não o *nome do médico*. Em uma lista telefônica, o número de telefone deve ter mais prioridade do que, digamos, ele teria em um *flyer* de um evento que acontecerá em um dia e horário específicos.

Qual é a finalidade dessa peça nessa revista em especial (ou onde quer que seja)? Essa resposta o ajudará a determinar a hierarquia do restante da informação. Quais itens *devem* ser agrupados?

Use o espaço abaixo para esboçar uma possibilidade de design. Você encontrará sugestões e um dos muitos *layouts* possíveis nas páginas 202-203.

Resumo

Isso conclui a parte de design da nossa apresentação. Você provavelmente quer mais exemplos. Os exemplos estão ao seu redor; o que eu espero ter despertado – sem sofrimento – em você é **mais consciência visual.** Pensei em lhe dar modelos de design como "receitas de bolo", mas, como se diz, é melhor ensinar a pescar do que dar um peixe.

Lembre-se de que designers profissionais sempre "roubam" outras ideias: eles estão sempre à procura de inspiração. Se você estiver fazendo um *flyer*, encontre um *flyer* do qual você goste bastante e adapte o *layout* dele. Basta usar seu próprio texto e suas próprias imagens, o *flyer* original vira o seu *flyer* único. Busque um cartão de visitas que o atraia e adapte-o. Encontre um cabeçalho de informativo do qual goste e adapte-o. *Tudo muda na adaptação e se torna seu.* Todos nós fazemos isso.

Se você ainda não leu, recomendo que leia *The Mac is not a typewriter* ou *The PC is not a typewriter.* Se você ainda coloca dois espaços depois dos pontos finais, se você sublinha os textos, se você não usa apóstrofos e aspas de verdade (" e ", não "), você precisa *seriamente* ler um desses livros (ou, pelo menos, leia o *The Non-Designer's Type Book*).

E, quando terminar este livro e tiver absorvido todos os conceitos, veja o *Robin Williams Design Workshop.* Ele explica e mostra conceitos de design mais avançados.

Por ora, divirta-se. Relaxe. Não leve toda essa conversa de design muito a sério. Garanto que, se você simplesmente seguir os quatro princípios de design da Robin, criará páginas dinâmicas, interessantes e organizadas, das quais vai se orgulhar.

Usando cores

Este é um momento maravilhoso no mundo do design gráfico. Todo mundo agora tem impressora colorida e a impressão colorida profissional nunca, na história do planeta, foi tão acessível e nunca esteve tão disponível. (Procure na internet e compare os preços da impressão colorida.)

A teoria de cores pode ser muito complexa, mas, neste capítulo, vou fazer uma breve explicação do círculo cromático e como usá-lo. Um círculo cromático é extremamente útil quando precisamos tomar uma decisão consciente sobre a escolha de cores para um projeto.

E explicarei rapidamente a diferença entre os modelos de cores CMYK e RGB e quando usar cada um.

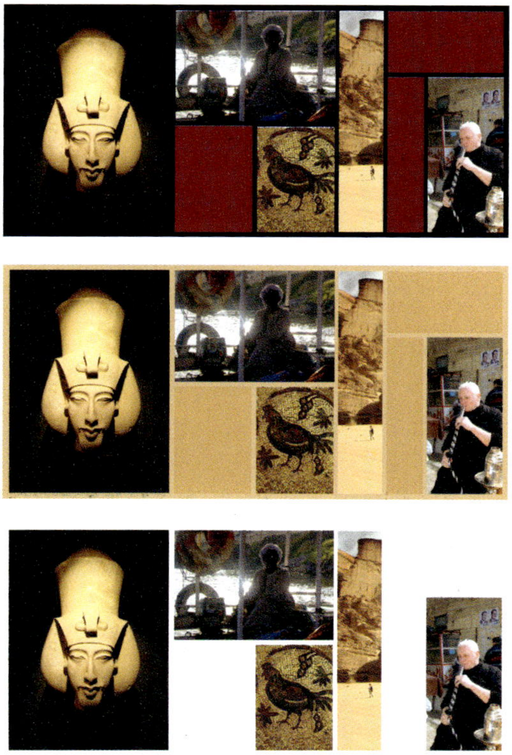

Como você pode ver neste exemplo simples, a cor não apenas tem seu próprio impacto mas também afeta todos os objetos ao redor.

O fantástico círculo cromático

O círculo cromático começa com amarelo, vermelho e azul. São as chamadas **cores primárias** porque são as únicas que não podemos criar. Ou seja, se você tiver uma caixa de aquarelas, sabe que pode misturar o azul e o amarelo para fazer o verde, mas não há como "fabricar" amarelo, vermelho ou azul puro a partir de outras cores.

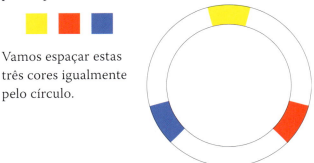

Vamos espaçar estas três cores igualmente pelo círculo.

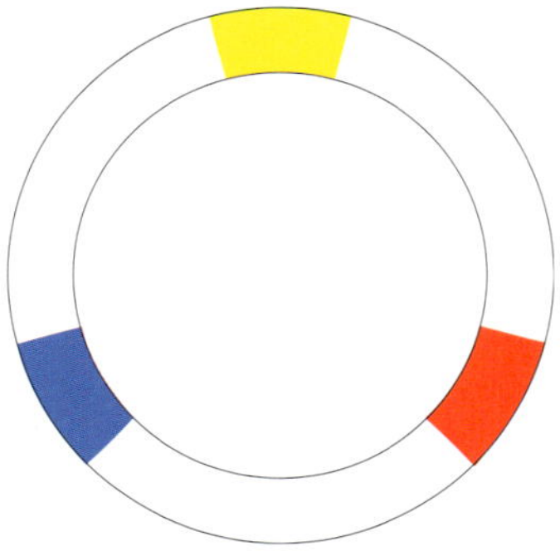

Agora, se você pegar a caixa de aquarelas e misturar cada cor com uma quantidade igual da cor ao lado, surgirão as **cores secundárias.** Como você já deve saber, por ter usado giz de cera e aquarela quando criança, amarelo e azul fazem o verde; azul e vermelho fazem o roxo; vermelho e amarelo fazem o laranja.

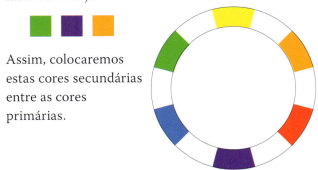

Assim, colocaremos estas cores secundárias entre as cores primárias.

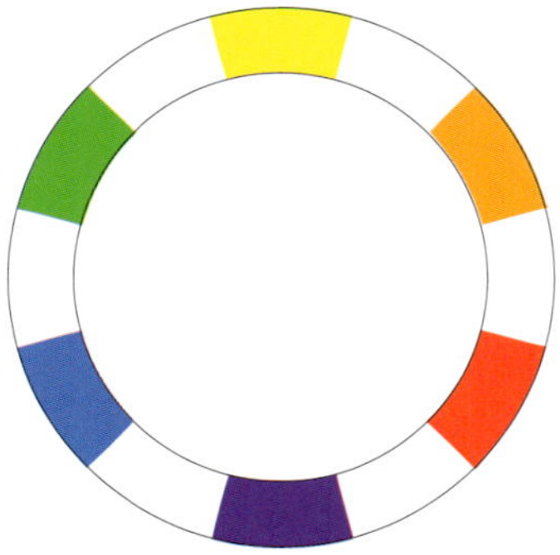

Para preencher os espaços em branco, você provavelmente sabe o que fazer: misturar partes iguais das cores de cada lado. São as chamadas **cores terciárias.** Ou seja, amarelo e laranja fazem o... bem, amarelo-alaranjado. E azul e verde fazem o azul-esverdeado (que chamarei de aqua).

Agora, preencheremos cada espaço com as cores terciárias para completar o círculo cromático. A diversão está só começando.

Relações entre cores

Agora temos um círculo cromático com as 12 cores básicas. Com esse círculo, podemos criar combinações de cores que certamente trabalharão bem juntas. Nas próximas páginas, vamos explorar as diversas formas de fazer isso.

(No modelo de cor CMYK que estamos usando, como é explicado na página 106, a "cor" preta é, na verdade, a combinação de todas as cores e a "cor" branca é a ausência de todas as cores.)

Complementares

Cores posicionadas diretamente em frente uma da outra, opostos exatos, são **complementares.** Por serem tão opostas, geralmente funcionam melhor quando uma é a cor principal e a outra é um detalhe.

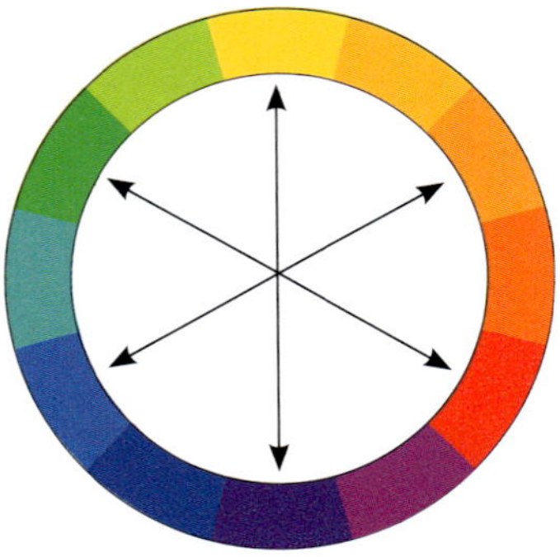

Azul e laranja

Vermelho e verde

Amarelo e roxo

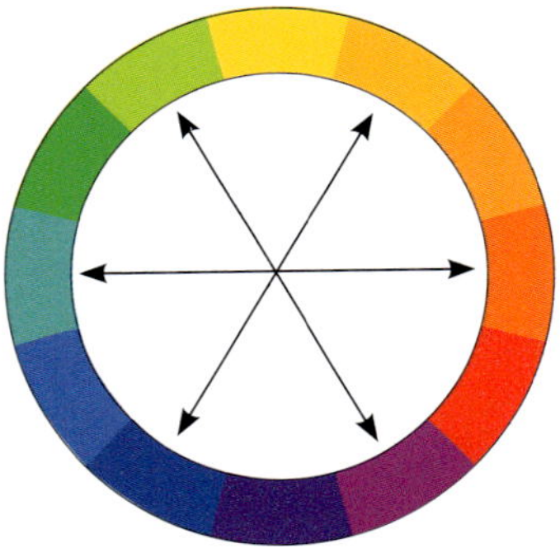

Verde-limão e violeta

Roxo-azulado e amarelo-alaranjado

Aqua e vermelho-alaranjado

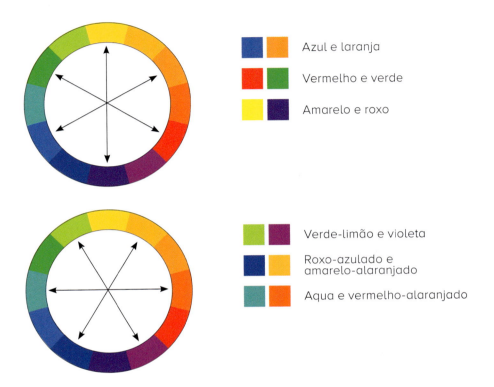

Neste momento, você pode pensar que algumas combinações de cores destas páginas são muito estranhas. Porém, essa é a grande diversão de saber como usar o círculo cromático, você pode usar essas combinações esquisitas com alegria e saber que tem permissão para isso! Elas realmente trabalham bem juntas.

cores
Complementares

fontes
Tabitha
Snell Roundhand Bold

Tríades

Um conjunto de três cores equidistantes sempre cria uma **tríade** de cores agradáveis. Vermelho, amarelo e azul é uma combinação muito comum em produtos para crianças. Como são as cores primárias, esse conjunto é chamado de **tríade primária.**

Experimente a **tríade secundária** de verde, laranja e roxo. Não é tão comum, mas é uma combinação animadora pelo mesmo motivo.

Todas as tríades (exceto a tríade primária de vermelho, amarelo e azul) têm cores de base que as unem e, por isso, elas têm uma boa harmonia entre si.

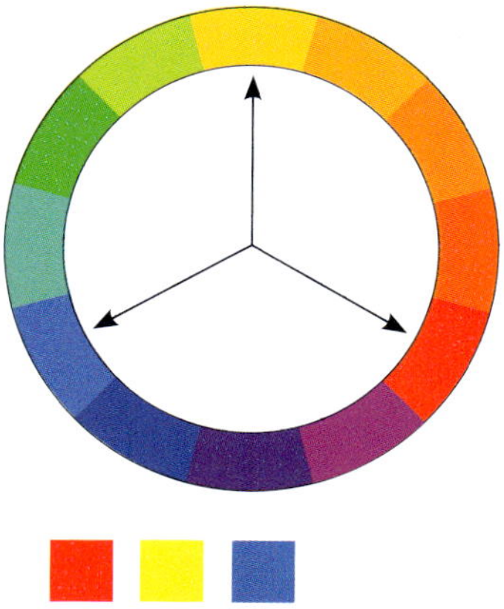

Vermelho, amarelo e azul

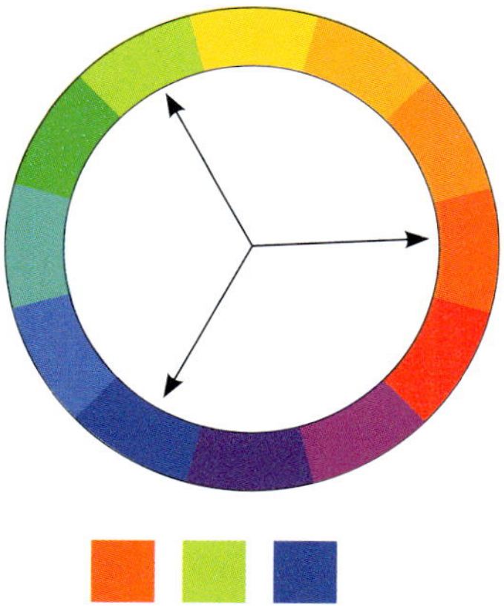

Vermelho-alaranjado, verde-limão e roxo-azulado

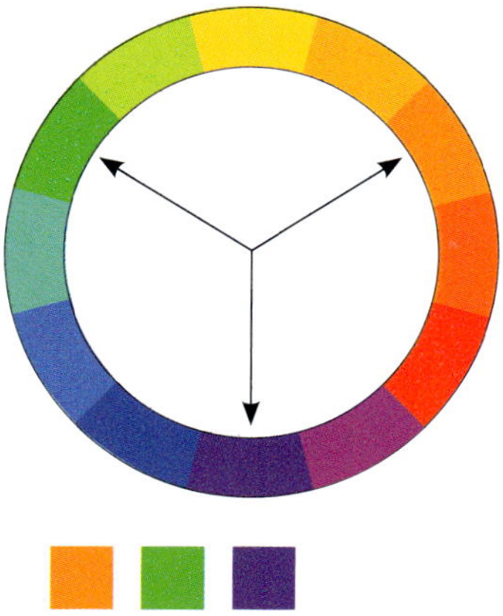

Laranja, verde e roxo

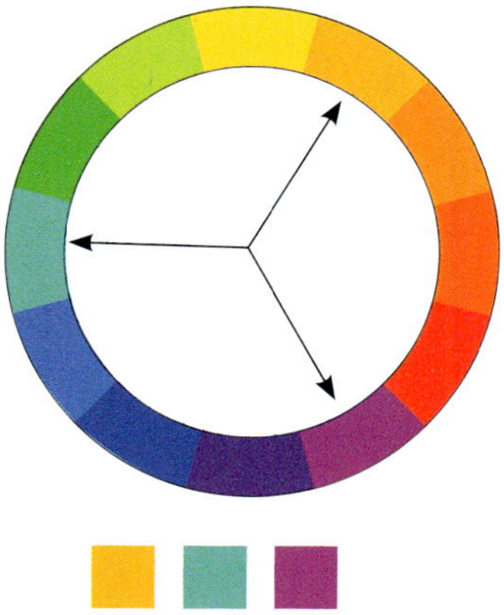

Amarelo-alaranjado, aqua e violeta.

Tríades com complemento dividido

Outra forma de tríade é o **complemento dividido.** Escolha uma cor de um lado do círculo, encontre a sua cor complementar do outro lado, mas use as cores *ao lado da cor complementar*, em vez da própria cor. Isso cria uma combinação com um toque um pouco mais sofisticado. Abaixo, mostro duas das várias combinações possíveis.

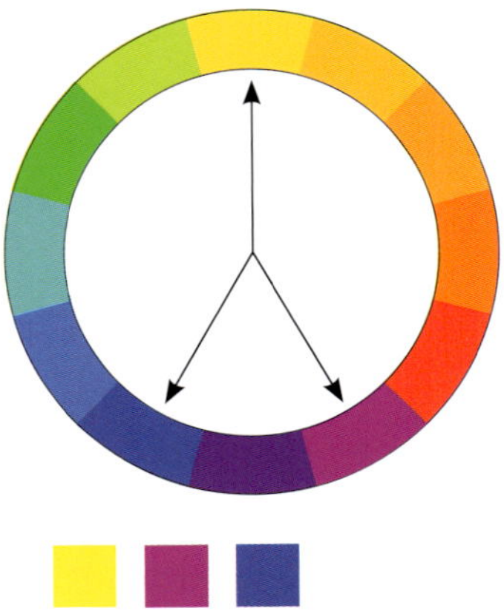

Amarelo, violeta e roxo-azulado

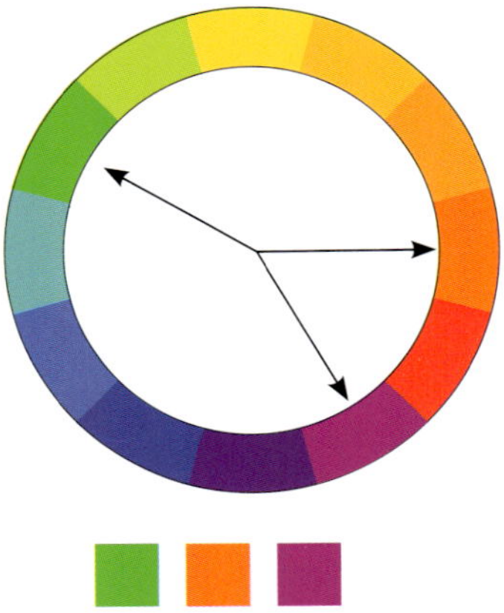

Verde, vermelho-alaranjado e violeta

Usei uma "luz" da cor de "Palavras Espertas" para a caixa atrás do texto. Consulte as páginas de 98 a 101 para obter informações sobre luzes.

fontes
Wendy Bold
Myriad Pro Condensed

Cores análogas

Uma combinação **análoga** é composta por cores próximas umas das outras no círculo. Não importa as duas ou três cores que são combinadas, elas todas compartilham um subtom da mesma cor, criando uma combinação harmoniosa. Combine um grupo análogo de cores com suas várias tonalidades, como é explicado na próxima página, e você terá muitas opções para trabalhar!

Aqua, verde e verde-limão

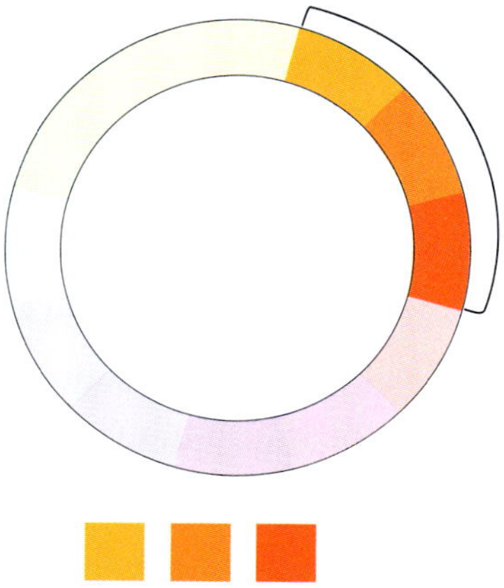

Amarelo-alaranjado, laranja e vermelho--alaranjado

fontes
Hypatia Sans Pro Regular
Diva Doodles

Sombras e luzes

O círculo cromático com o qual temos trabalhado envolve apenas um matiz, ou a cor pura. Podemos aumentar muito o círculo e, assim, nossas opções, apenas adicionando preto ou branco às várias cores.

A cor pura é o **matiz.**
Acrescente preto à cor para criar uma **sombra.**
Acrescente branco a uma cor para criar uma **luz.**

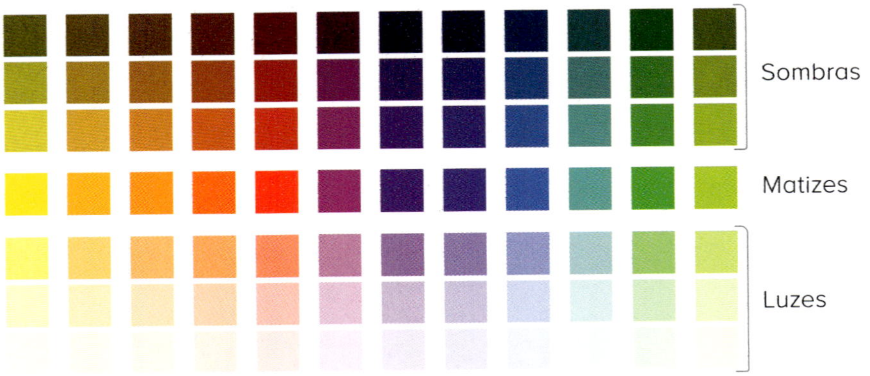

É assim que as cores ficam no círculo. Aqui, vemos trechos coloridos, mas, na verdade, é um gradiente contínuo com um número infinito de cores do preto ao branco.

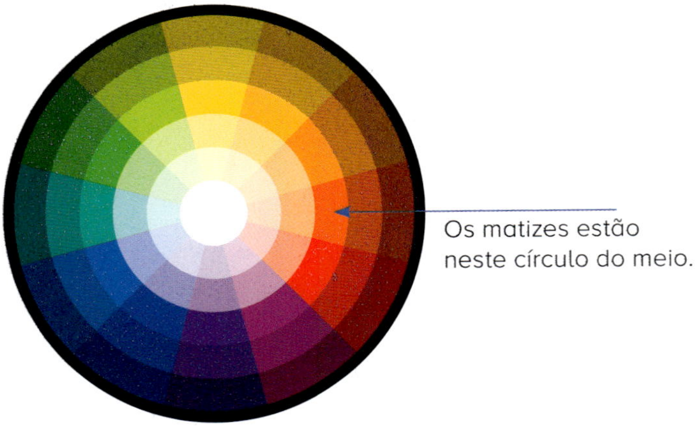

Faça suas próprias sombras e luzes

Se o programa que você usa permitir a criação de cores, basta adicionar preto a uma cor para fazer uma sombra. Para fazer uma luz, use o botão deslizante que o programa oferece. Consulte o manual do software.

Se o programa que você usa oferecer uma palheta de cores como esta, aprenda como fazer sombras e luzes.

Em primeiro lugar, selecione o ícone do círculo cromático na barra de ferramentas (circulado).

Certifique-se de que o botão deslizante está no topo da barra colorida à direita.

O pequeno ponto dentro do círculo cromático seleciona a cor.

Os matizes estão no anel externo deste círculo.

Para criar uma luz, arraste o pontinho para o centro do círculo.

A barra de cor do topo mostra a cor selecionada.

Para salvar a cor exata e usá-la novamente, clique na barra colorida do topo e arraste; isso criará um pequeno quadrado de cor. Coloque esse quadrado de cor em um dos espaços vazios da parte inferior.

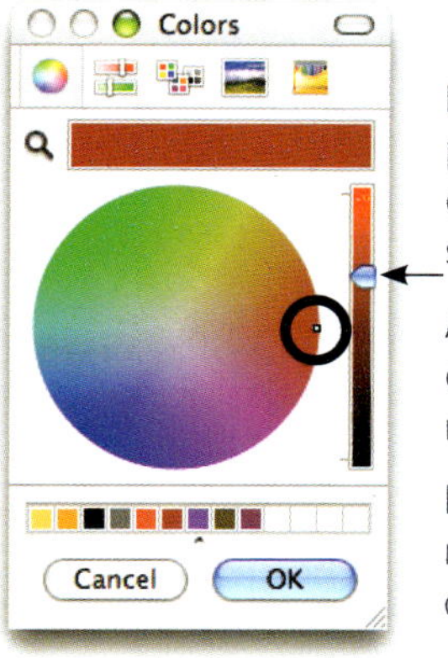

Para criar uma sombra, posicione o pequeno ponto de cor a partir da qual você quer fazer a sombra.

Arraste o botão deslizante da esquerda para baixo. Você verá milhões de opções sutis.

Para salvar a cor exata e usá-la novamente, veja as instruções acima.

Cores monocromáticas

Uma combinação **monocromática** é composta de uma cor com um número qualquer de suas sombras e luzes correspondentes.

Você, na verdade, já tem muita familiaridade com um esquema monocromático; qualquer foto em preto e branco é composta de preto (a matiz, embora o preto não seja realmente uma "cor") e muitas luzes, ou tons variados de cinza. Você sabe como o resultado pode ser bonito. Por isso, divirta-se com um projeto de design usando uma combinação monocromática.

Essa é a cor laranja com várias de suas sombras e luzes. Você pode reproduzir o efeito de muitas cores em uma impressão de uma cor só; use sombras e luzes do preto e, depois, imprima com a cor da sua escolha.

Laranja

Este cartão foi produzido usando apenas luzes do preto.

Este é o mesmo design do caso acima, mas impresso usando tinta marrom escura. As luzes do preto tornam-se luzes da cor de tinta usada.

fontes
Stoclet Light **e Bold**
Renfield's Lunch
Gargoonies

Sombras e luzes combinadas

O mais divertido: escolher uma das quatro relações de cores descritas nas páginas de 93 a 97, mas, em vez de usar as cores puras, usar várias luzes e sombras delas. Assim, as opções aumentam muito, e ainda temos a segurança de que as cores "trabalham" bem juntas.

Por exemplo, a combinação de verde e vermelho é um complemento perfeito, mas é quase impossível fugir da ideia de Natal. No entanto, se você mergulhar nas *sombras* dessas cores complementares, terá uma combinação bastante rica.

Eu havia mencionado que a combinação das cores primárias (azul, vermelho e amarelo) é extremamente comum em produtos para crianças. Tão comum que, de fato, é difícil se distanciar da imagem infantil que essa combinação passa. A não ser que você utilize algumas luzes e sombras... então, *voilà*! Combinações marcantes e deliciosas.

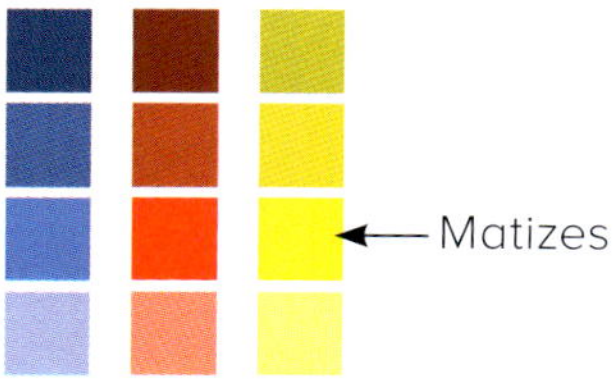

fontes
Scriptease
Proxima Nova Alt ExtraBold
Frances Uncial
Hypatia Sans Pro Regular

Preste atenção nas tonalidades

Há cores que não ficam bem juntas? Não se você adotar a Teoria das Flores Selvagens da Robin para cores. Você já viu um campo de flores selvagens e disse "nossa, que combinação horrorosa de cores neste campo"? Provavelmente não.

Mas o que o campo de flores selvagens inclui automaticamente é uma variedade de **tonalidades,** ou diferentes valores de cores. Praticamente, o único fator que com certeza causa incômodo visual por causa de combinações de cores é as tonalidades serem muito similares.

Tonalidade refere-se à qualidade particular de brilho, profundidade ou pureza de qualquer cor. Como você pode ver nos primeiros exemplos abaixo, quando os tons são similares, o visual não fica nítido. O contraste é muito fraco. Se fôssemos reproduzir os exemplos abaixo em uma copiadora, o texto seria perdido.

Se o seu design precisar de cores com tons similares, tente não colocá-las juntas e não use a mesma quantidade das duas.

As tonalidades dessas cores escuras são muito próximas, como você pode facilmente perceber.

O contraste ficou bem melhor aqui; ele é resultado da diferença de tonalidades. Onde poderia haver algum problema (no ornamento branco sobre a cor pálida), eu acrescentei um pouco de sombreamento para separar os dois elementos. Fiz o mesmo na página anterior, na figura em que o vermelho estava brigando com o fundo azul; o valor dessas cores é muito próximo.

Cores quentes *versus* cores frias

As cores tendem a estar do lado quente (o que significa que elas têm um pouco de vermelho ou amarelo) ou do lado frio (o que significa que têm um pouco de azul). É possível "aquecer" algumas cores, como cinzas ou beges, acrescentando mais vermelho ou amarelo a elas. Da mesma forma, é possível resfriar algumas cores acrescentando azul a elas.

Porém, a informação mais prática que você deve lembrar é que as cores frias recuam para o fundo e as cores quentes vêm para o primeiro plano. É necessário muito pouco de uma cor quente para causar impacto, os vermelhos e os amarelos saltam aos olhos. Por isso, se for combinar cores quentes com cores frias, sempre use menos a cor quente.

As cores frias recuam, assim, você pode usar (às vezes, você *tem* de usar) mais de uma cor fria para causar impacto ou criar um contraste eficaz.

Não tente igualar as cores! Aproveite esse fenômeno visual.

Um excesso de vermelho é exagerado e bem irritante.

Aqui, pegamos o vermelho do balde da foto e usamos como destaque.

fonte
Tapioca

Como começar a escolher?

Às vezes, pode parecer muito difícil escolher cores. Comece com a abordagem lógica. O projeto no qual está trabalhando está ligado a alguma estação? Talvez você possa usar cores análogas (pág. 97) que remetam à estação: vermelhos e amarelos quentes para o verão; azuis frios para o inverno; tons de laranja e marrons para o outono; verdes brilhantes para a primavera.

Há cores oficias da empresa para usar? Talvez você possa começar por aí e usar luzes e sombras. Você está trabalhando com um logo que tem cores específicas? Que tal usar um complemento dividido dessas cores (pág. 96)?

Seu projeto inclui uma fotografia ou outra imagem? Escolha uma cor da fotografia e uma variação de outras cores com base nela. Pode ser bom usar cores análogas para que o projeto seja sereno e calmo, ou cores complementares para criar estímulo visual.

Aqui, escolhi a cor do céu para usar no título principal. Para o restante do projeto, posso usar cores análogas à cor de areia dos penhascos e utilizar o mesmo azul para destaques.

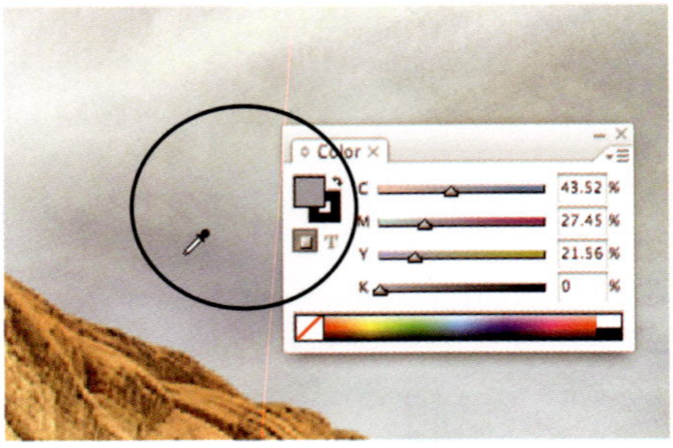

Em alguns programas, há uma ferramenta de conta-gotas que seleciona as cores sobre as quais clicamos. Foi assim que selecionei a cor do céu e dos penhascos no InDesign.

fontes
ITC Arid
Proxima Nova Alt Light

Se estiver trabalhando em um projeto recorrente, pode ser útil fazer uma palheta de cores e consultá-la sempre para todos os projetos.

Por exemplo, eu publico um folheto de 16 páginas bimestralmente com alguns trechos de trabalhos de Shakespeare. Há seis temas principais que reaparecem todos os anos. Assim, depois de reuni-los por alguns anos, as cores se tornaram uma ferramenta de organização. Eu escolhi luzes a 80% das seis cores terciárias (pág. 93) para os blocos principais de cores das capas; as cores espalham-se um pouco e o título está sempre vazado. Essa escolha me oferece uma estrutura de cores para o interior dos folhetos.

Se estiver começando um projeto composto por diversas peças, experimente escolher uma palheta de cores antes de começar. Muitas das decisões ficarão mais fáceis para você ao longo do tempo.

fonte
Wade Sans Light

CMYK *versus* RGB; impressão *versus* internet

Há dois importantes modelos de cores que devemos conhecer. Aqui vai uma explicação bastante breve sobre um tópico muito complexo. Se tudo o que você faz é imprimir com uma pequena impressora colorida, não precisa saber nada sobre os modelos de cores; assim, pode pular esta parte por ora. Ela estará aqui quando precisar dela.

CMYK

CMYK significa ciano (que é o azul), magenta (um tom de vermelho/rosa), amarelo (*yellow*) e uma cor-chave (*key*), normalmente o preto. Com essas quatro cores de tinta, podemos imprimir milhares de cores e, por isso, a impressão é chamada de "processo de quatro cores". (Trabalhos de impressão especializados podem incluir outras cores.)

As cores do CMYK são como giz de cera ou caixas de tinta: azul e amarelo fazem o verde etc. É o modelo usado em todo este capítulo, já que se trata de um livro impresso.

CMYK é o modelo que você usará para projetos que serão impressos por uma impressora em algo físico. Quase tudo o que se vê impresso em um livro, revista, pôster, caixas de fósforos ou caixas de biscoitos foi impresso com CMYK.

Com uma lupa, observe uma imagem colorida impressa e você verá as "rosetas" formadas por pontos de cor.

RGB

RGB significa vermelho (*red*), verde (*green*) e azul (*blue*). RGB é o que vemos no monitor do computador, na televisão, no iPhone etc.

No modelo RGB, se misturarmos vermelho e verde, teremos... amarelo. É sério. Misture o azul total com o vermelho e você fará um rosa forte. Isso acontece porque o RGB é composto por raios de luzes coloridas que não são refletidos de nenhum objeto físico; são luzes que vão direto do monitor para os nossos olhos. Se misturarmos todas as cores, teremos o branco e, se tirarmos todas as cores, o preto.

No mundo, o espectro de luzes visíveis atinge os objetos. Os objetos absorvem (ou subtraem) a maior parte do espectro. O que eles não absorvem é refletido para os nossos olhos na forma de cor.

Em um monitor, as cores de luzes não são refletidas, elas vão direto para os nossos olhos.

Modelos de cores: impressão *versus* internet

O que é importante lembrar sobre CMYK e RGB é:

Usar CMYK para projetos que serão impressos.

Usar RGB para tudo o que será visto em uma tela.

Se for fazer impressões em uma cara impressora digital (em vez de uma impressora de quatro cores), verifique com o operador da impressora se ele quer todas as cores em CMYK ou RGB.

O RGB deixa os arquivos menores e algumas técnicas do Photoshop trabalham apenas (ou melhor e geralmente mais rápido) com o RGB. Porém, trocar várias vezes entre CMYK e RGB causa uma pequena perda de dados a cada vez, por isso, é melhor trabalhar nas imagens em RGB e deixar para trocar para CMYK somente no final.

Como o RGB trabalha por meio da luz que vai direto para os nossos olhos, as imagens na tela são lindas e iluminadas, com uma variedade impressionante de cores. Infelizmente, quando mudamos para CMYK e, depois, imprimimos as imagens com tinta no papel, perdemos um pouco desse brilho e dessa variedade. É o que acontece mesmo, não se decepcione.

Dicas e truques extras

Neste capítulo, veremos a criação de várias peças publicitárias e promocionais para uma empresa fictícia chamada Cyber Café do Url*. Acrescentei vários truques, dicas e técnicas a esta seção, mas você verá onde os quatro princípios básicos se aplicam em cada projeto, independentemente de ser grande ou pequeno.

Esta seção inclui dicas específicas para o design de cartões de visita, papéis timbrados, envelopes, *flyers*, informativos, folhetos, cartões de mala direta, anúncios em jornais e sites.

* Existe um Cyber Café do Url (Url's Internet Cafe), mas os produtos vistos neste capítulo não estão à venda. Bem, eles *estiveram* à venda, mas a empresa de pedidos online foi fechada e esses ótimos produtos desapareceram. Se você os vir em algum lugar, avise-nos, por favor.

Criando um pacote

Uma das características mais importantes de um pacote de identidade segue o princípio da repetição: deve haver alguma imagem ou estilo de identificação que apareça em todas as peças. Veja as peças abaixo, todas do cyber café. Identifique os elementos repetitivos.

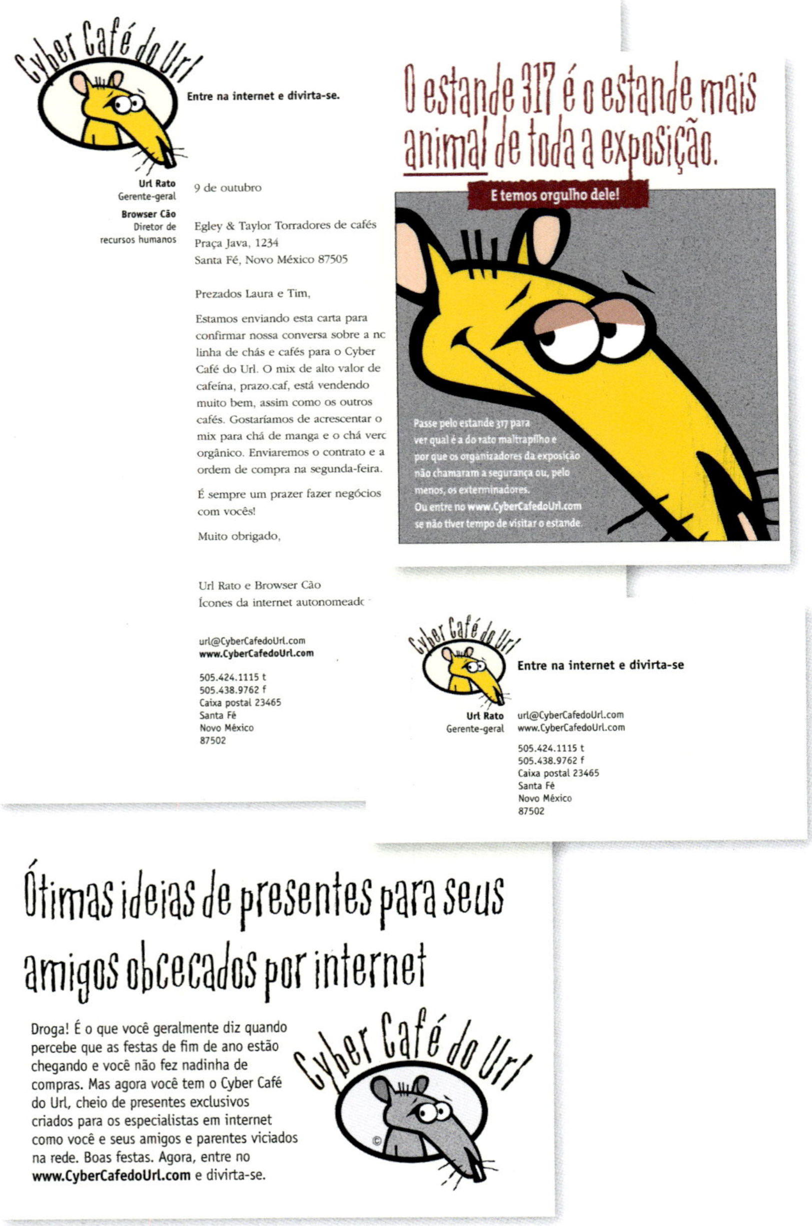

Cartões de visita

Se usar uma segunda cor, pense em usá-la com moderação. Na maioria das vezes, uma quantidade pequena é mais eficaz do que espalhar a segunda cor por todo o cartão. Faça seu dinheiro valer a pena usando só um pouquinho.

Converse com a gráfica sobre quantas cópias do cartão serão colocadas por página e a que distância uma da outra. Pergunte se você pode enviar um arquivo em PDF do Adobe Acrobat para a impressão (se você não souber criar um PDF, pode encontrar os detalhes no site da Adobe, www.Adobe.com). Ou compre cartões de visita serrilhados e pré-impressos que você pode colocar na sua impressora.

Tamanho do cartão de visita

O tamanho padrão dos cartões de visita é de 8,5 cm de largura e 5,5 cm de altura. Um formato vertical teria, é claro, 5,5 cm de largura e 8,5 cm de altura.

fontes
Pious Henry
Officina Sans Book e **Bold**

Não faça isto!

Url Rato
Gerente-geral
Cyber Café do Url
Entre na internet e divirta-se.
e-mail:
url@CyberCafedoUrl.com
www.CyberCafedoUrl.com
(505) 424-1115 tel.
Caixa postal 23465
Santa Fé, NM 87502

Não coloque as informações nos cantos. Não há problema em deixar os cantos vazios.

Não use Times, Arial e Helvetica ou vai parecer um cartão do anos 1970.

Cyber Café do Url
Entre na internet e divirta-se.
Url Rato, gerente-geral
www.CyberCafedoUrl.com
(505) 424-1115 telefone
Caixa postal 23465
Santa Fé, NM 87502

Não use fonte de 12 pontos ou o cartão *não* terá uma aparência sofisticada! As pessoas leem com facilidade fontes de 8, 9 ou 10 pontos. Cartões de visita com frequência usam o tamanho 7. E, por favor, não centralize o *layout*, a menos que possa justificar por que teve de fazer isso.

Cyber Café do Url
Entre na internet e divirta-se.
e-mail: url@CyberCafedoUrl.com
site: www.CyberCafedoUrl.com
(505) 424-1115 telefone
Caixa postal 23465
Santa Fé, NM 87502
(505) 438-9762 fax
Url Rato,
Gerente-geral

Não pense que você deve preencher todo o espaço do cartão. Não há problema em deixar espaços em branco. Veja os cartões profissionais, eles sempre têm espaço em branco!

É desnecessário usar as palavras "e-mail" e "site" no cartão, essas informações são óbvias.

fontes
Helvetica Regular **e Bold**
Times New Roman

Tente isto...

Alinhe as informações! Tudo no cartão deve estar alinhado com outro elemento.

Alinhe as bases.

Alinhe margens direitas ou esquerdas.

Na maioria das vezes, um alinhamento à esquerda ou à direita tem um impacto muito mais profissional do que um alinhamento centralizado.

Experimente usar pontos, marcadores pequenos ou espaços em branco em vez de parênteses nos códigos de área. O cartão fica com um visual mais limpo.

Escreva por extenso R., Av., Conj. etc. Os pontos e as vírgulas em abreviações trazem uma bagunça desnecessária.

Se você não tiver um número de fax, não escreva "telefone" antes ou depois do número. Todos sabem que é o seu número de telefone.

Dicas para o design de cartões de visita

Cartões de vista podem ser um desafio em termos de design porque, geralmente, é preciso juntar muita informação em um espaço pequeno. E a quantidade de informações necessárias em cartões de visita tem crescido; além do padrão de endereço e telefone, agora é provável que você precise colocar o número do celular, o número do fax, o e-mail e, se tiver um site (que você deveria ter), o endereço do site.

Formato

A primeira escolha é trabalhar com um formato **horizontal** ou **vertical**. Só porque a maioria dos cartões é horizontal não quer dizer que eles *têm* de ser assim. Com frequência, as informações cabem melhor em um *layout* vertical, principalmente quando existem tantas informações para um cartão tão pequeno. Experimente os dois formatos e *escolha o que funcionar melhor para as informações do cartão.*

Tamanho da fonte

Um dos maiores problemas dos cartões de visita criados por designers iniciantes é o tamanho da fonte. Geralmente, é **grande demais.** Mesmo a fonte de tamanho 10 ou 11 que lemos nos livros parece enorme em um cartão pequeno. E a fonte de 12 pontos parece simplesmente idiota. Sei que é difícil, no início, usar fontes de 9 pontos, ou até 8 e 7, mas veja os cartões de visita que você já recebeu. Pegue os três que parecem mais profissionais e sofisticados. Eles não têm fonte de 12 pontos.

Tenha em mente que um cartão de visita não é um livro, um folheto e nem mesmo um anúncio; um cartão de visita contém informações que demoram pouco para serem lidas pelo cliente. Às vezes, o efeito geral e sofisticado do design do cartão é, na verdade, mais importante do que deixar a fonte grande o suficiente para a sua avó ler com facilidade.

Crie uma imagem consistente em todas as peças

Se você planeja criar também um papel timbrado com envelopes combinando, precisa cuidar do design dos três itens ao mesmo tempo. O pacote todo de cartões de visita, papéis timbrados e envelopes deve apresentar uma **imagem consistente** para os clientes.

Papéis timbrados e envelopes

Poucas pessoas olham para o material de escritório de uma empresa e pensam "isso é tão bonito, vou triplicar o pedido que fiz à empresa" ou "que feio, não vou mais trabalhar com essa empresa". Porém, quando as pessoas veem o seu material, elas pensam *alguma coisa* sobre você, positiva ou negativa, dependendo do design e do efeito do material.

Desde a qualidade do papel escolhido até o design, a cor, a fonte e o envelope, a mensagem implícita deve inspirar confiança nos seus negócios. O conteúdo da carta, é claro, tem um peso importante, mas não subestime a influência inconsciente exercida pelo papel timbrado em si.

Cyber Café do Url
Entre na internet e divirta-se.
Url Rato
Gerente-geral
Browser Cão
Diretor de
recursos humanos
url@CyberCafedoUrl.com
www.CyberCafedoUrl.com
505.424.1115 t • 505.438.9762 f
Caixa postal 23465 · Santa Fé · Novo México · 87502

Seja corajoso! Seja ousado!

Não faça isto!

Não use uma disposição de elementos no envelope diferente da usada no papel timbrado e no cartão de visita! Os três itens devem parecer parte do mesmo pacote.

Não centralize tudo na página, a menos que o seu logo seja obviamente centralizado e você tenha de trabalhar com ele. Se usar o alinhamento centralizado, tente ser um pouco mais criativo na escolha da fonte, no tamanho e na localização dos itens (ou seja, embora os elementos estejam centralizados um em relação ao outro, talvez eles não precisem estar centralizados na página; experimente colocar os itens centralizados mais perto do canto esquerdo).

Não use Times, Arial, Helvetica ou Sand.

Assim como nos cartões de visita, evite parênteses, abreviações e palavras supérfluas que só aumentam a bagunça.

Tente isto . . .

Cyber Café do Url

Entre na internet e divirta-se.

Url Rato
Gerente-geral
Browser Cão
Diretor de
recursos humanos

9 de outubro

Egley & Taylor Torradores de café
Praça Java, 1234
Santa Fé, Novo México 87505

Prezados Laura e Tim,

Estamos enviando esta carta para confirmar nossa conversa sobre a nova linha de chás e cafés para o Cyber Café do Url. O mix de alto valor de cafeína, prazo.caf, está vendendo muito bem, assim como os outros cafés. Gostaríamos de acrescentar o mix para chá de manga e o chá verde orgânico. Enviaremos o contrato e a ordem de compra na segunda-feira.

É sempre um prazer fazer negócios com vocês!

Muito obrigado,

Url Rato e Browser Cão
Ícones da internet autonomeados

url@CyberCafedoUrl.com
www.CyberCafedoUrl.com

505.424.1115 t
505.438.9762 f
Caixa postal 23465
Santa Fé
Novo México
87502

Cyber Café do Url

Entre na internet e divirta-se.

Url Rato
Gerente-geral

url@CyberCafedoUrl.com
www.CyberCafedoUrl.com

505.424.1115 t
505.438.9762 f
Caixa postal 23465
Santa Fé
Novo México
87502

Cyber Café do Url

Entre na internet e divirta-se.

Url Rato
Browser Cão

Caixa postal 23465
Santa Fé
Novo México
87502

Observe que estas três peças têm essencialmente o mesmo *layout*. Trabalhe em todas as peças ao mesmo tempo para ter certeza de que o *layout* escolhido vai funcionar em todas as situações.

Sinta-se à vontade para usar fontes e imagens muito grandes ou muito pequenas.

Descentralize o formato. As linhas bem marcadas à esquerda e à direita dão mais força ao design.

Dicas para o design de papéis timbrados e envelopes

Desenvolva o papel timbrado e o envelope junto com o cartão de visita. Eles devem parecer parte do mesmo pacote. Se você entregar um cartão de visita a alguém e, depois, enviar uma carta a essa pessoa, as duas peças devem reforçar uma à outra.

Tamanho do envelope

O envelope comercial padrão no Brasil tem **114 x 229 mm.** É chamado de envelope ofício. O tamanho europeu é de 110 x 220 mm e é chamado de envelope C4.

Crie um ponto de foco

Um elemento deve ser **dominante,** e deve ser dominante da mesma maneira no papel timbrado, no envelope e no cartão de visita. Por favor, evite o entediante *layout* centralizado no topo no papel timbrado!

Alinhamento

Escolha um só **alinhamento** para o seu material de escritório! Não centralize uma parte no topo e coloque o restante do texto à esquerda. Seja corajoso, experimente o alinhamento à direita com bastante espaço entre as linhas. Tente colocar o nome da empresa em letras enormes na parte superior do papel. Veja como fica se deixar a logomarca (ou parte dela) enorme e claro, como se fosse apenas uma sombra, na área sobre a qual você vai digitar as cartas.

No papel timbrado, organize os elementos para que, quando a carta for digitada, o texto se encaixe sem problemas no design.

Segunda página

Se puder fazer uma segunda página do papel timbrado, pegue um **elemento pequeno** que aparece na primeira página e use-o sozinho na segunda página. Se estiver planejando imprimir, digamos, mil páginas de papel timbrado, pode pedir à gráfica que imprima cerca de 800 cópias da primeira página e 200 da segunda. Mesmo que você não planeje imprimir uma segunda página, peça à gráfica algumas centenas de folhas em branco do mesmo papel para o caso de ter que escrever cartas mais longas.

Fax e cópias

Se planejar enviar seu papel timbrado por **fax** ou usar **máquinas de cópia,** não escolha um papel escuro, nem um que tenha muitas manchas. Evite também áreas grandes de tinta escura, texto vazado ou letras muito pequenas que serão perdidas no processo. Se for enviar *muitos* faxes, pode ser bom criar duas versões do papel timbrado, uma para impressão e uma para fax.

Flyers

Flyers são muito divertidos de criar porque podemos abandonar as amarras! É uma ótima oportunidade de se aventurar e realmente chamar atenção para si mesmo. Como você sabe, os *flyers* competem com todo o lixo de leitura do mundo, em especial com outros *flyers*. Com frequências, eles são colocados em um quadro de avisos com dezenas de outras páginas, todas tentando chamar a atenção de quem passa.

Um *flyer* é uma das melhores peças para usar fontes divertidas e diferentes, e uma letra divertida é uma das melhores maneiras de **chamar a atenção** para um título. Não seja covarde, essa é sua chance de usar uma daquelas fontes bizarras que você tem desejado.

E que ótima oportunidade para fazer experiências com imagens. Tente deixar a imagem ou fotografia pelo menos duas vezes maior do que você havia planejado de início. Ou deixe o título em 400 pontos em vez de 24. Ou crie um *flyer* minimalista com uma linha em tamanho 10 no meio da página e um pequeno bloco de texto na parte inferior. Tudo que for fora do normal fará as pessoas pararem e olharem, e isso é 90% do seu objetivo.

Não faça isso!

O estande 317 é o estande mais animal de toda a exposição. E temos orgulho dele!

Passe pelo estande 317 para ver qual é a do rato maltrapilho e por que os organizadores da exposição não chamaram a segurança ou, pelo menos, os exterminadores.

Ou entre no www. CyberCafedoUrl.com se não tiver tempo de visitar o estande.

Não coloque tudo dentro de quadros! Deixe que o alinhamento forte crie o "quadro" em torno do texto.

Como em todas as outras situações, não deixe o mesmo espaço entre todos os elementos. Se alguns itens fizerem parte de uma unidade, agrupe-os.

Não use Times, Arial, Helvetica ou Sand.

ATENÇÃO PARTICIPAN-
TES DA CONFERÊNCIA

- Nunca antes esta conferência tinha disponibiliza-do espaço para um personagem tão nojento quanto o Url Rato.

- Passe no estande 317 e veja que traços compen-sadores ele pode ter para ter sido admitido neste salão de exibição.

- Enquanto estiver por lá, pegue alguns brindes antes que chamem os exterminadores.

- Ou visite o site do Url: www.CyberCafedoUrl.-
com

CYBER CAFÉ DO URL
www.CyberCafedoUrl.com

Não use hifens no lugar de marcadores. Em vez disso, experimente usar caracteres das fontes Wingdings ou ZapfDingbats.

Não centralize tudo na página e, depois, coloque pequenos trechos de texto nos cantos!

Evite uma página cinza e entediante; use o contraste.

Preste atenção no final das linhas. Não há necessidade de quebrar as linhas em lugares esquisitos ou usar hifens sem necessidade.

Tente isto . . .

Use um título ou uma figura enorme.

Use uma fonte interessante em letras grandes.

Corte uma fotografia ou figura em um formato alto e estreito; alinhe-a com a margem esquerda; alinhe o texto à esquerda.

Ou coloque a imagem na margem direita e alinhe o texto à direita.

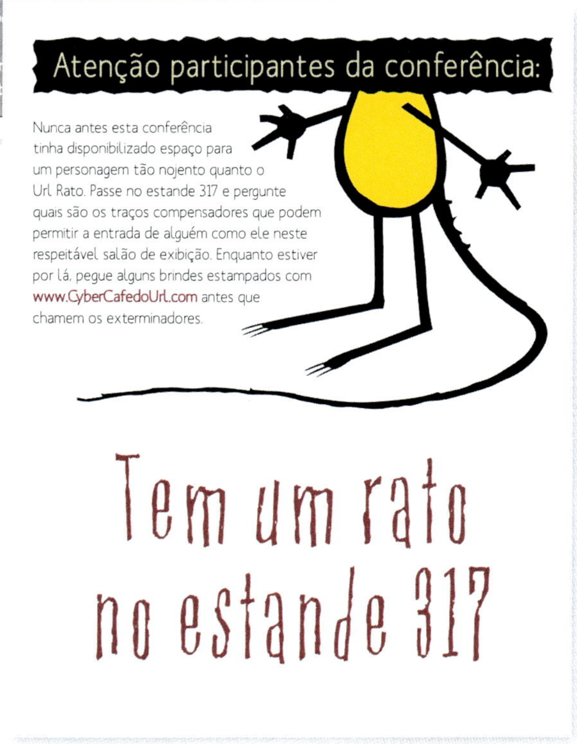

Ou coloque o texto em várias colunas, todas alinhadas à esquerda.

Não há problema em colocar o texto em letras pequenas em um *flyer*. Se você chamar a atenção do leitor no início, ele vai ler as letras pequenas.

Dicas para o design de *flyers*

Os maiores problemas com grande parte dos *flyers* criados por designers novatos são a falta de contraste e a apresentação das informações sem nenhuma hierarquia. Ou seja, a tendência inicial é fazer tudo ser grande, pensando em chamar a atenção de alguém. Porém, se *tudo* for grande, então *nada* poderá realmente chamar a atenção do leitor. Use um ponto de foco forte e o contraste para organizar as informações e guiar o olhar do leitor pela página.

Crie um ponto de foco

Coloque algo na página que seja gigante, interessante e **forte**. Se prender o olhar das pessoas com o ponto de foco, é mais provável que elas leiam o restante do texto.

Use subtítulos que contrastem

Depois do ponto de foco, use subtítulos fortes (fortes em termos visuais e fortes no que dizem), para que os leitores possam **passar os olhos** rapidamente pelo *flyer* e determinar a intenção da mensagem. Se os subtítulos não os interessarem, eles não vão ler o texto. Porém, se não houver subtítulos e os leitores tiverem de ler cada palavra do *flyer* para entender do que se trata, vão jogá-lo fora em vez de gastar tempo decifrando-o.

Repetição

Independentemente de o título estar em uma fonte feia, bonita ou comum usada de modo incomum, tente usá-la, com moderação, no corpo do texto para criar **repetição.** Talvez apenas uma letra ou uma palavra na mesma fonte. Use-a nos subtítulos, no início de parágrafos, ou talvez como marcadores de listas. Um forte contraste de fontes deixará o *flyer* mais interessante.

Alinhamento

E lembre-se, escolha um alinhamento! Não centralize os títulos e, depois, coloque o texto alinhado à esquerda, nem centralize tudo na página e, depois, encha os cantos inferiores de coisas. Seja forte. Seja corajoso. Experimente alinhar tudo à esquerda ou à direita.

Informativos

Uma das características mais importantes de uma publicação com várias páginas é a consistência, ou **repetição.** Todas as páginas devem parecer parte de uma mesma peça. Isso pode ser feito com as cores, o estilo gráfico, as fontes, as organizações de espaços, as listas com marcadores que repetem um estilo de formatação, as bordas em torno de fotografias, as letras maiúsculas etc.

Mas isso não significa que tudo deve ser exatamente igual! Porém (assim como na vida), se você tiver um suporte sólido, pode sair dos padrões com segurança e alegria (e as pessoas não ficarão preocupadas com você). Faça experiências com imagens tortas ou fotografias cortadas muito largas ou estreitas e espalhadas por três colunas. Com esse suporte sólido, você pode diagramar algo como uma carta do presidente em um formato especial em seu informativo e ela vai se destacar.

Não há problema em deixar espaços em branco (espaços vazios) no informativo. Mas não deixe que esses espaços fiquem "presos" entre outros elementos. O espaço em branco precisa ser tão organizado quanto os elementos visíveis. Deixe-o ficar lá e deixe-o fluir.

Uma das primeiras, e mais divertidas, tarefas do design de um informativo é o cabeçalho. Ele dá o tom do restante do informativo.

Não faça isto!

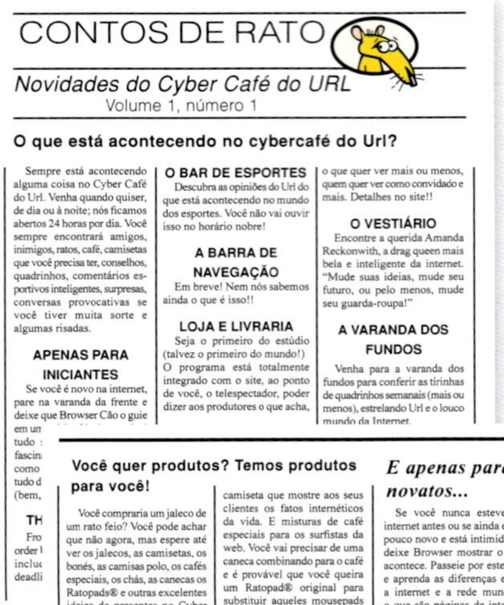

CONTOS DE RATO

Novidades do Cyber Café do URL

Volume 1, número 1

O que está acontecendo no cybercafé do Url?

Sempre está acontecendo alguma coisa no Cyber Café do Url. Venha quando quiser, de dia ou à noite; nós ficamos abertos 24 horas por dia. Você sempre encontrará amigos, inimigos, ratos, café, camisetas que você precisa ter, conselhos, quadrinhos, comentários esportivos inteligentes, surpresas, conversas provocativas se você tiver muita sorte e algumas risadas.

APENAS PARA INICIANTES

Se você é novo na internet, pare na varanda da frente e deixe que Browser Cão o guie em un… tudo… fascin… como… tudo d… (bem,

TH…

Fro… order… incluc… deadli…

O BAR DE ESPORTES

Descubra as opiniões do Url do que está acontecendo no mundo dos esportes. Você não vai ouvir isso no horário nobre!

A BARRA DE NAVEGAÇÃO

Em breve! Nem nós sabemos ainda o que é isso!!

LOJA E LIVRARIA

Seja o primeiro do estúdio (talvez o primeiro do mundo!) O programa está totalmente integrado com o site, ao ponto de você, o telespectador, poder dizer aos produtores o que acha, o que quer ver mais ou menos, quem quer ver como convidado e mais. Detalhes no site!!

O VESTIÁRIO

Encontre a querida Amanda Reckonwith, a drag queen mais bela e inteligente da internet. "Mude suas ideias, mude seu futuro, ou pelo menos, mude seu guarda-roupa!"

A VARANDA DOS FUNDOS

Venha para a varanda dos fundos para conferir as tirinhas de quadrinhos semanais (mais ou menos), estrelando Url e o louco mundo da Internet.

Você quer produtos? Temos produtos para você!

Você compraria um jaleco de um rato feio? Você pode achar que não agora, mas espere até ver os jalecos, as camisetas, os bonés, as camisas polo, os cafés especiais, os chás, as canecas os Ratopads® e outras excelentes ideias de presentes no Cyber Café do Url.

Você precisa de um jaleco. Você também pode usar uma camiseta que mostre aos seus clientes os fatos internéticos da vida. E misturas de café especiais para os surfistas da web. Você vai precisar de uma caneca combinando para o café e é provável que você queira um Ratopad® original para substituir aqueles mousepads antiquados que você tem jogados pelo escritório.

Eu falei das camisas polo, dos bonés, das caixas de presentes e das bandanas? Prepare-se pra era da tecnologia: visite o Cyber Café do Url para ver ótimas ideias de presentes e conhecer uma cafeteria cheia de produtos educativos e divertidos.

Você realmente esta lendo estas letrinhas pequenininhas? Você pode achar que não agora, mas espere até ver os jalecos, as camisetas, os bonés, as camisas polo, os cafés especiais, os chás, as canecas os Ratopads® e outras excelentes ideias de presentes no Cy…

Vo…

Você…

camiseta que mostre aos seus clientes os fatos internéticos da vida. E misturas de café especiais para os surfistas da web. Você vai precisar de uma caneca combinando para o café e é provável que você queira um Ratopad® original para substituir aqueles mousepads antiquados que você tem jogados pelo escritório.

Eu falei das camisas polo, dos bonés, das caixas de presentes e das bandanas? Prepare-se pra era da tecnologia: visite o Cyber Café do Url para ver ótimas ideias de presentes e conhecer uma cafeteria cheia de produtos educativos e divertidos!

Você compraria um jaleco de um rato feio? Você pode achar que não agora, mas espere até ver os jalecos, as camisetas, os bonés, as camisas polo, os cafés especiais, os chás, as canecas os Ratopads® e outras excelentes ideias de presentes no Cyber Café do Url.

Url's

E apenas para novatos...

Se você nunca esteve na internet antes ou se ainda é um pouco novo e está intimidado, deixe Browser mostrar o que acontece. Passeie por este site e aprenda as diferenças entre a internet e a rede mundial; o que são páginas de internet e o que é um navegador e por que você precisa de um; o que são ferramentas de busca, onde encontrá-las e como usá-las para achar termos específicos; como passear por páginas da internet; o que esperar da internet; como fazer "downloads" de arquivos; como personalizar seu navegador para ficar como você quer; e até como fazer o seu próprio site.

Também há um glossário de termos comuns da internet com definições que você realmente vai entender e fontes de onde você pode encontrar mais informações sobre todos os aspectos da internet. Quando terminar seu passeio com Browser pelo site de iniciantes, você não será mais um iniciante!

O SERIADO!

Cyber Café do Url é um seriado de televisão, uma mistura de "Cheers" e "Seinfeld" que transcorre no Cyber Café do Url. O Café do Url é uma velha casa de madeira com uma varanda na frente, uma varanda atrás, porão e sótão. Dentro, é um lugar confortável e interessante que não parece muito high-tech, a não ser por ter vários computadores ligados à internet de alta velocidade. Esse seriado hilário oferece aos nerds da computação um olhar leve sobre o mundo da internet em que vivemos e dá àqueles que não usam computador uma espiada no mundo online de maneira diferente. Ele une aquelas coisas que até o público em geral sabe mais ou menos o que é: relações entre computadores, viciados, usuários sênior etc.

Há, é claro, as estrelas do programa e os estereótipos que aparecem regularmente. Mas o programa também conta com aparições regulares de convidados, com pessoas como Guy Kawasaki, Bob LeVitus, Steve Woznoak, os meninos do Netscape, os meninos do Yahoo e Kai Krause, além de estrelas do futebol, do basquete e do boxe …êm sites. E pessoas – como …d Letterman, o outro Robin Williams, Hillary Clinton, Scott Adams e Dave Barry – dão uma passadinha de vez em quando porque são geeks tecnológicos.

Os personagens

Url Rato, o dono do café; Ele é um rato preguiçoso, mas adorável. "Na internet, sou rico e bonito e canto bem." Ele adora tecnologia, mas costuma desdenhá-la.

Browser Cão, o cachorro (no seriado, é um cachorro de verdade). No site, Browser é quem ensina aos novatos tudo sobre a internet. Ele ama tudo e todos. Exceto DimmSimm e seu genro.

Amanda Reckonwith, drag queen, passa o tempo no porão. "Desça ao meu nível", ele/a diz. Amanda escreve uma hilária paródia de coluna de conselhos no site.

Vovó Pat, do suporte técnico. Ela é um pouco rabugenta, mas é incrivelmente esperta quando se trata de tecnologia. Coloca os moleques em seus lugares regularmente. Flerta com homens velhos. Tem vários namorados online.

Pixel, namorada do Url, é uma neo-hippie invocada. Ela queima sálvia, traz leitores de cartas de tarô e linhas da mão de bateristas e tocadores de didjeridu, espirra perfumes de aromaterapia nos usuários etc. Também conseguiu que o Cybercafe do Url fosse o Quartel general de Aliens, para a tristeza de Url, e o lugar onde são vistas mais aparições de Elvis.

DimmSimm, a proprietária da casa. Ela é má e mal-agradecida, não importa o que as pessoas façam por ela. Sua frase favorita é: "vou te processar!" Ao ser confrontada, ela finge ser estrangeira.

Gig Megaflop, um ex-ator que aparece às vezes e difama pessoas que nem conhece. Quando confrontado, responde de maneira cáustica: você sabe quem eu sou? Ninguém nunca sabe.

VISITE O CYBER CAFÉ DO URL HOJE!

Há somente um lugar no mundo onde você pode encontrar coisas tão loucas e é o nosso site. Criado por web designers, nós [praticamente] garantimos que você encontrará algo que o deixará feliz. Ou algo que pelo menos o faça sorrir. E quantos ratos podem fazer esse tipo de afirmação? Veja por si mesmo.

WWW.CyberCafedoUrl.com

Não importa o que você faça, não coloque um monte de texto inútil só para preencher espaço. Quem iria querer ler palavras desnecessárias? Temos mais o que fazer. Ao invés, use o espaço com criatividade! Ou apenas deixe-o em branco.

Cyber Café do Url

Caixa postal 23465
Santa Fé, Novo México 87502
505.424.1115 t
505.438.9762

url@CyberCafedoUrl.com
www.CyberCafedoUrl.com

Postagem sem urgência
Permissão no 2345

Henrik Birkvig
a/c Den Grafiske Højskole
67 Glentevej
DK· 2400 København NV
Dinamarca

1

Não seja covarde no cabeçalho (o título do informativo na primeira página). Mostre quem você é!

Não crie um informativo sem graça e cinza. Use fontes contrastantes onde for adequado, coloque citações em destaque e acrescente outros elementos visualmente interessantes para atrair o olhar do leitor.

Por outro lado, não use uma fonte e uma disposição diferente para cada artigo. Se você criar uma estrutura de base forte e consistente em todo o informativo, poderá chamar a atenção para um artigo especial dando a ele um tratamento diferente.

Se tudo for diferente, nada será especial.

Tente isto . . .

A maioria das pessoas corre o olho pelas páginas dos informativos, prestando atenção nos títulos. Por isso, faça com que eles sejam claros e destacados.

É possível ver a estrutura de base neste texto. Com a solidez dessa estrutura, as imagens podem dar graça às páginas sendo inclinadas, aumentadas, envoltas em textos etc.

9 de outubro

Volume 6 – número 5

Contos de ratos

Novidades do Cyber Café do Url

O que está acontecendo no Cyber Café do Url?

Sempre está acontecendo alguma coisa no Cyber Café do Url. Venha quando quiser, de dia ou à noite; nós ficamos abertos 24 horas por dia. Você sempre encontrará amigos, inimigos, ratos, café, camisetas que você precisa ter, conselhos, quadrinhos, comentários esportivos inteligentes, surpresas, conversas provocativas se você tiver muita sorte e algumas risadas.

Nesta Edição . . .

Produtos 2
Iniciantes 2
Seriado 3
Elenco 3
Visite o café . . . 4

Contos de ratos é publicado quando nos dá vontade, o que acontece com muita frequência. Você tem sorte de ter recebido esta edição. Tudo o que está escrito nestas páginas está protegido por direitos autorais para a ballyhoo.llc e não pode ... em mais n... quer você ... permisas ... artes o ofi... John Tolle... reproduzi... conhecim... O não inte... opiniões o... qualquer ... no mundo

Apenas para iniciantes

Se você é novo na internet, pare na varanda da frente e deixe que Browser Cão o guie em uma visita. Você aprenderá tudo sobre esse novo meio fascinantes, como viajar nele e como encontrar o que precisa; tudo de uma maneira amigável (bem, fofinha na verdade).

A cafeteria

Na cafeteria, você pode pedir as misturas javanesas especiais do Url, inclusive seu mix de alto valor de cafeína, prazo.caf, que com certeza o manterá acordado e trabalhando a noite toda.

A sala de TV

Leia os storyboards de um programa de TV ainda inédito, estrelado por Url, Browser e todos os personagens que frequentam o Cybercafe do Url! O programa está totalmente integrado com o site, ao ponto de você, o telespectador, poder dizer aos produtores o que acha, o que quer ver mais ou menos, quem quer ver como convidado e mais. Detalhes no site!

O vestiário

Encontre a querida Amanda Reckonwith, a drag queen mais bela e inteligente da internet. "Mude suas ideias, mude seu futuro, mas, pelo

Você quer produtos? Ok, temos montes de produtos para você!

Você compraria um jaleco de um rato feio? Você pode achar que não agora, mas espere até ver os jalecos, as camisetas, os bonés, as camisas polo, os cafés especiais, os chás, as canecas os Ratopads® e outras excelentes ideias de presentes no Cyber Café do Url.

Você precisa de um jaleco. Você também pode usar uma camiseta que mostre aos seus clientes os fatos internéticos da vida. E misturas de café especiais para os surfistas da web. Você vai precisar de uma caneca combinando para o café e é provável que você queira um Ratopad® original para substituir aqueles mousepads antiquados que você tem jogados pelo escritório.

Eu falei das camisas polo, dos bonés, das caixas de presentes e das bandanas? Prepare-se pra era da tecnologia: visite o Cyber Café do Url para ver ótimas ideias de presentes e conhecer uma cafeteria cheia de produtos educativos e divertidos.

Você realmente esta lendo estas letrinhas pequenininhas? Você pode achar que não agora, mas espere até ver os jalecos, as camisetas, os bonés, as camisas polo, os cafés especiais, os chás, as canecas os Ratopads® e outras excelentes ideias de presentes no Cyber Café do Url.

Você precisa de um jaleco. Você também pode usar uma camiseta que mostre aos seus clientes os fatos internéticos da vida. E misturas de café especiais para os surfistas da web. Você vai precisar de uma caneca combinando para o café e é provável que você queira um Ratopad® original para substituir aqueles mousepads antiquados que você tem jogados pelo escritório.

Eu falei das camisas polo, dos bonés, das caixas de presentes e das bandanas? Prepare-se pra era da tecnologia: visite o Cyber Café do Url para ver ótimas ideias de presentes e conhecer uma cafeteria cheia de produtos educativos e divertidos.

Você compraria um jaleco de um rato feio? Você pode achar que não agora, mas espere até ver os jalecos, as camisetas, os bonés, as camisas polo, os cafés especiais, os chás, as canecas os Ratopads® e outras excelentes ideias de presentes no Cyber Café do Url.

Você precisa de um jaleco. Você também pode usar uma camiseta que mostre aos seus clientes os fatos internéticos da vida. E misturas de café especiais para os surfistas da web. Você vai precisar de uma caneca combinando para o café e é provável que você queira um Ratopad® original para substituir aqueles mousepads antiquados que você tem jogados pelo escritório.

Eu falei das camisas polo, dos bonés, das caixas de presentes e das bandanas? Prepare-se pra era da tecnologia: visite o Cyber Café do Url para ver ótimas ideias de presentes e conhecerumа cafeteria cheia de produtos educativos e divertidos. Tchau!

A Internet: um lugar para tudo e tudo espalhado por aqui!

E apenas para novatos . . .

Se você nunca esteve na internet antes ou se ainda é um pouco novo e está intimidado, deixe Browser mostrar o que acontece. Passeie por este site e aprenda as diferenças entre a internet e a rede mundial; o que são páginas de internet e o que é um navegador e por que você precisa de um; o que são ferramentas de busca, onde encontrá-las e como usá-las para achar termos específicos; como passear por páginas da internet; o que esperar da internet; como fazer "downloads" de arquivos; como personalizar seu navegador para ...

O seriado!

Cybercafé do Url é um seriado de televisão, uma mistura de "Cheers" e "Seinfeld" que transcorre no Cybercafé do Url. O Café do Url é uma velha casa de madeira com uma varanda na frente, uma varanda atrás, porão e sótão. Dentro, é um lugar confortável e interessante que não parece muito high-tech, a não ser por ter vários computadores ligados à internet de alta velocidade. Esse seriado hilário oferece aos nerds da computação um olhar leve sobre o mundo da internet em que vivemos e dá àqueles que não usam computador uma espiada no mundo online d emaneira diferente. Ele une aquelas coisas que até o público em geral sabe mais ou menos o que é: relações entre computadores, viciados, usuários sênior etc.

Há, é claro, as estrelas do programa e o estereótipos que aparecem regularmente. Mas o programa também conta com aparições regulares de convidados, com pessoas como Guy Kawasaki, Bob LeVitus, Steve Woznoak, os meninos do Netscape, os meninos do Yahoo e Kai Krause, além de estrelas do futebol, do basquete e do boxe que têm sites. E pessoas – como David Letterman, o outro Robin Williams, Hillary Clinton, Scott Adams e Dave Barry – dão uma passadinha.

Os personagens

Url Rato, o dono do café; Ele é um rato preguiçoso, mas adorável. "Na internet, sou rico e bonito e canto bem." Ele adora tecnologia, mas costuma desdenhá-la.

Browser Cão, to cachorro (no seriado, é um cachorro de verdade). No site, Browser é quem ensina aos novatos tudo sobre a internet. Ele ama tudo e todos. Exceto DimmSimm e seu genro.

Amanda Reckonwith, drag queen, passa o tempo no porão. "Desça ao meu nível", ele/a diz. Amanda escreve uma hilária paródia de coluna de conselhos no site.

Vovó Pat, do suporte técnico. Ela é um pouco rabugenta, mas é incrivelmente esperta quando se trata de tecnologia. Coloca os moleques em seus lugares regularmente. Flerta com homens velhos. Tem vários namorados online.

Pixel, namorada do Url, é uma neo-hippie invocada. Ela queima sálvia, traz leitores de cartas de tarô e linhas da mão de bateristas e tocadores de didjeridu, espirra perfumes de aromaterapia nos usuários etc. Também conseguiu que o Cyber Cafe do Url fosse o Quartel general de Aliens, para a tristeza de Url, e o lugar onde são vistas mais aparições de Elvis.

DimmSimm, a proprietária da casa. Ela é má e mal-agradecida, não importa o que as pessoas façam por ela. Sua frase favorita é: "vou te processar!" Ao ser confrontada, ela finge ser estrangeira.

Gig Megaflop, um ex-ator que aparece às vezes e difama pessoas que nem conhece. Quando confrontado, responde de maneira cáustica: você sabe quem eu sou? Ninguém nunca sabe.

O site do seriado

Pelo site do **Cyber Café do Url,** transmitimos partes das filmagens para outros cybercafés de todo o mundo. Transmitimos pela internet. Patrocinamos teleconcertos internacionais, Jam sessions, leituras de peças etc. diretamente pela conexão. É claro que o site mostra trechos com estrelas especiais, sinopses, estudos de personagens, erros de gravação, história, próximos eventos e produtos do Url e do Browser. (Temos muitos produtos.) E os visitantes do site podem dar suas opiniões sobre aquilo de que gostam ou não, e talvez influenciar as situações e personagens. É um sucesso esperando para acontecer.

Url ... Gig

Visite o Cyber Café do Url hoje!

Há somente um lugar no mundo onde você pode encontrar coisas tão loucas e é o nosso site. Criado por web designers, nós [praticamente] garantimos que você encontrará algo que o deixará feliz. Ou algo que pelo menos o faça sorrir. E quantos ratos podem fazer esse tipo de afirmação? Veja por si mesmo.

WWW.CyberCafedoUrl.com

Cyber Café do Url

Caixa postal
23465
Santa Fé
Novo México
87502

505.424.1115 t
505.438.9762 f

url@CyberCafedoUrl.com
www.CyberCafedoUrl.com

Postagem sem urgência
Permissão nº 2345

Para: Henrik Birkvig
a/c Den Grafiske Højskole
67 Glentevej
DK - 2400 København NV
Dinamarca

Tire alguns minutos para observar como todos os quatro princípios básicos do design aparecem em uma publicação como esta e repare no efeito de cada um deles.

Dicas para o design de informativos

Os maiores problemas com informativos parecem ser a falta de alinhamento, a falta de contraste e o uso exagerado de Helvetica (Arial é outro nome para Helvetica).

Alinhamento

Escolha um alinhamento e prenda-se a ele. Acredite, o visual de todo o informativo será mais forte e profissional se mantiver uma margem forte à esquerda. E alinhe todo o resto. Se usar linhas, elas devem começar e terminar alinhadas com outro elemento, como a margem ou o final da coluna. Se uma fotografia ficar meio centímetro para fora da coluna, corte-a para alinhá-la.

Se todos os elementos estiverem bem alinhados, você poderá fugir do alinhamento com prazer quando for necessário. Mas não seja covarde ao quebrar o alinhamento, ou o item fica alinhado ou não. Um arranjo *um pouco* fora do alinhamento parece um erro. Se a foto não se encaixa perfeitamente na coluna, deixe-a sair bastante dos limites e não apenas um pouquinho.

Recuos de parágrafos

Os primeiros parágrafos, mesmo depois dos subtítulos, não devem ter recuo. Quando tiverem, devem usar o recuo tipográfico padrão de um espaço "eme", que é um espaço com a largura de um ponto da fonte usada; ou seja, se você estiver usando uma fonte de tamanho 11, o recuo deve ser de 11 pontos (cerca de dois espaços, não cinco). Use *ou* espaços extras entre os parágrafos *ou* recuos, mas *não* os dois.

Helvetica, não!

Se o informativo estiver cinza e sem graça, é possível incrementá-lo na mesma hora simplesmente usando uma fonte forte, grossa e sem serifa para os títulos e subtítulos. Não a Helvetica. A Helvetica ou Arial que veio no computador não é grossa o suficiente para criar um contraste forte. Invista em uma família sem serifa que inclua uma versão preta grossa e também uma versão fina (como Eurostile, Formata, Syntax, Frutiger ou Myriad). Use essas fontes grossas nos títulos e nas citações em destaque e você ficará impressionado com a diferença. Ou use uma fonte decorativa adequada para os títulos, talvez em outra cor.

Texto de leitura fácil

Para melhorar a leitura, experimente usar uma fonte clássica serifada de estilo antigo (como Garamond, Jenson, Caslon, Minion ou Palatino) ou uma fonte fina egípcia (como Claredon, Bookman, Kepler ou New Century Schoolbook). A que você está lendo agora é Warnock Pro Light, da Adobe. Se usar uma fonte sem serifa, deixe mais espaço entre as linhas e diminua a largura das linhas.

Folhetos

Os folhetos são uma maneira rápida e barata de divulgar sua empresa de tortas caseiras, a campanha de doação na escola ou a próxima caça ao tesouro. Folhetos dinâmicos e com um bom design podem ser um "colírio" para os olhos dos leitores, atraindo-os e fornecendo informações de maneira divertida e indolor.

Armado com os princípios básicos do design, você pode criar folhetos interessantes por conta própria. As dicas das próximas páginas irão ajudá-lo.

Antes de você se sentar para fazer o folheto, dobre uma folha de papel da forma desejada e faça anotações em cada aba. Finja que acabou de achá-la: em que ordem você lê cada parte?

Tenha em mente a ordem em que as partes de um folheto são apresentadas ao leitor ao serem abertas. Por exemplo, quando o leitor abre a capa, não deve se deparar com as informações de direitos autorais e de contato.

As medidas para dobrar o folheto não são as mesmas na frente e atrás! Depois de dobrar a folha de modelo, meça-a da esquerda para a direita na frente e atrás. **Não basta dividir 28 cm em três** — não vai dar certo porque uma parte deve ser um pouco menor que a outra para ser dobrada para dentro.

Um folheto pode ser sua principal ferramenta de divulgação.

É importante ter atenção com as dobras; não deve deixar que informações importantes desapareçam nos vincos! No entanto, **se o alinhamento do texto for forte** em todas as partes do folheto, fique à vontade para deixar as imagens atravessarem os espaços entre as colunas de texto (a **medianiz**) e chegarem às dobras. Veja o exemplo na página 129.

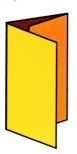

O estilo de três abas mostrado ao lado é, de longe, o mais visto em folhetos porque ele funciona bem com papéis do tamanho carta, mas há muitas outras opções de dobras. Verifique na gráfica.

Os exemplos de folhetos das páginas seguintes foram criados para um folheto padrão de 279 x 216 mm (11 x 8,5 polegadas), dobrado em três como este.

Não faça isto!

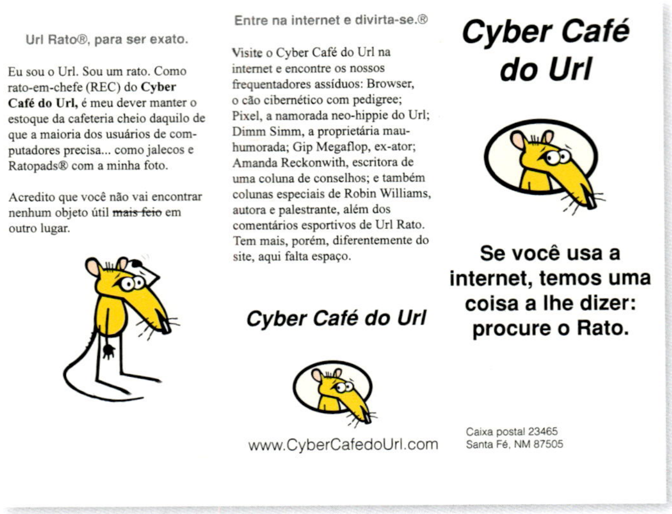

Não centralize e alinhe à esquerda os itens da capa (ou do lado de dentro)! Escolha um alinhamento só. Por favor.

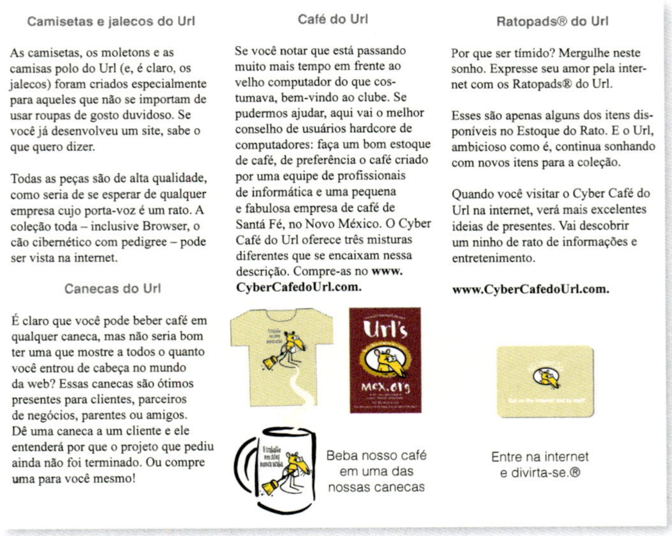

Não use fonte de tamanho 12 para o corpo do texto. Além do visual nada sofisticado, a maioria das fontes em tamanho 12 são grandes demais para a largura de coluna de um folheto padrão com três dobras.

Não coloque o texto muito perto da dobra. Lembre-se de que você vai dobrar o papel no meio do espaço entre as colunas, assim, deixe esse espaço (a medianiz) maior no folheto do que seria em um informativo.

Tente isto . . .

Qual parte o leitor verá primeiro? E depois?

Este folheto foi criado para guiar o leitor pouco a pouco.

Depois do impactante cumprimento inicial na capa, o leitor vê uma apresentação do mascote da empresa na parte seguinte. Por fim, ele olha o interior do folheto.

Repare como o contraste de cores e tamanhos é usado aqui.

Brinque com as imagens do folheto; deixe-as maiores, sobreponha-as, coloque texto em volta delas, entorte-as. Você pode fazer tudo isso se o texto atuar como uma base sólida e alinhada.

Você viu que os únicos itens que atravessam os espaços entre as colunas (a área da dobra entre os blocos de texto) são imagens? Elas não se perdem nas dobras.

Dicas para o design de folhetos

Folhetos criados por designers novatos têm muitos dos mesmos problemas que os informativos: falta de contraste, falta de alinhamento e uso excessivo de Helvetica/Arial. Aqui está um resumo rápido de como os princípios do design podem ser aplicados ao folheto que você está fazendo:

Contraste

Assim como qualquer outro projeto de design, o contraste não apenas deixa o visual de uma página mais interessante para chamar a atenção do leitor mas também ajuda a criar a hierarquia de informações para que o leitor possa correr os olhos pelos pontos importantes e entenda do que se trata o folheto. Use o contraste em fontes, linhas, cores, espaçamentos, tamanho dos elementos etc. Lembre-se de que o contraste só é eficaz se for forte; se dois itens não forem exatamente iguais, certifique-se de que eles fiquem **muito** diferentes. Do contrário, vai parecer um erro. Não seja covarde.

Repetição

Repita vários elementos no design para criar um **visual unificado** na peça. Pode repetir cores, fontes, linhas, espaçamentos, marcadores etc.

Alinhamento

Eu continuo me repetindo nesse assunto de alinhamento, mas é importante, e a falta dele é sempre um problema. **Margens fortes e bem definidas** criam uma impressão forte e bem definida. Uma combinação de alinhamentos (usar centralizado, à esquerda e à direita na mesma página) costuma criar uma impressão fraca e desleixada.

Às vezes, podemos sair intencionalmente do alinhamento (como eu fiz na página anterior); **isso funciona melhor se tivermos outros alinhamentos fortes** para contrastarem com o que saiu do lugar.

Proximidade

A proximidade, o **agrupamento** de itens similares, é especialmente importante em um projeto como um folheto, no qual há diversos subtópicos dentro de um tópico principal. O quão próximos ou distantes os itens estiverem uns dos outros nos mostra a relação entre eles.

Para criar espaçamentos efetivos, **você tem de saber usar o programa de computador** para criar espaço entre os parágrafos (espaço antes e espaço depois) em vez de apertar o "Enter" duas vezes. Pular uma linha entre os parágrafos cria um espaço maior do que o necessário, separando itens que deveriam estar próximos. Pular uma linha também cria o espaço *acima* de um título ou subtítulo igual ao espaço *abaixo* (o que não é bom) e separa itens de uma lista que deveriam ficar mais próximos. Aprenda a mexer no software!

Cartões postais

Como são muito visuais e imediatos (nada de envelopes para atrapalhar, nada de se cortar com o papel), os cartões postais são uma ótima maneira de chamar a atenção. E, por essas mesmas razões, um cartão postal feio ou entediante faz todo mundo perder tempo.

Por isso, para evitar o desperdício, lembre-se do seguinte:

Seja diferente. Cartões muito grandes ou com formatos estranhos vão se destacar do resto na caixa do correio. (Verifique com os Correios se o formato pode ser enviado!)

Pense "em série". Um único cartão postal deixa uma impressão; imagine o que uma série de alguns deles pode fazer.

Seja específico. Diga ao remetente exatamente qual é a vantagem que você tem para ele (e o que ele deve fazer para consegui-la).

Seja rápido. Use a parte da frente do cartão para uma mensagem breve e que chame a atenção. Coloque detalhes menos importantes na parte de trás.

Se for possível, use cores. Além de serem divertidas, as cores atraem o olhar e criam interesse.

Não se esqueça: o espaço em branco é um elemento de design também.

Não faça isto!

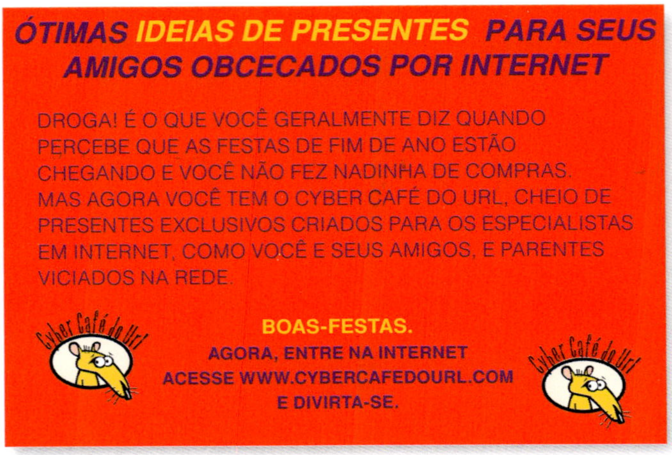

O que está errado com este título?

Não use Helvetica, Arial, Times ou Sand de 12 pontos.

Não coloque a informação inteira em letras maiúsculas, é tão difícil de ler que poucos vão se dar ao trabalho. Eles não pediram o cartão para início de conversa, pediram?

Use o contraste e as relações de espaço para passar a mensagem com clareza.

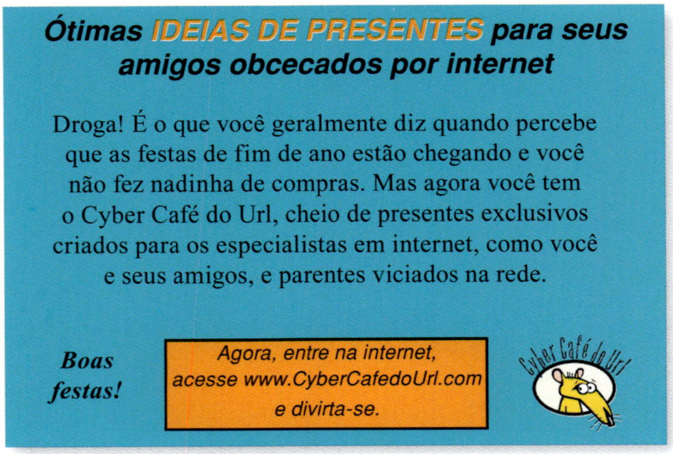

As diretrizes para cartões de visita (págs. 111-114) também se aplicam aos cartões postais: não coloque itens nos cantos, não pense que é obrigatório preencher o espaço, não deixe tudo com o mesmo tamanho ou quase do mesmo tamanho.

Tente isto . . .

Ótimas ideias de presentes para seus amigos obcecados por internet

Droga! É o que você geralmente diz quando percebe que as festas de fim de ano estão chegando e você não fez nadinha de compras. Mas agora você tem o Cyber Café do Url, cheio de **presentes exclusivos** criados para os especialistas em internet como você e seus amigos e parentes viciados na rede. Boas-festas.

Agora, entre na internet, acesse **www.CyberCafedoUrl.com** e divirta-se.

Experimente fazer um cartão postal estranho, como, por exemplo, alto e fino, pequeno e gordo, muito grande ou com uma dobra.

Mas leve um modelo do papel aos Correios e certifique-se de que ele se adequa aos regulamentos antes de imprimir. E verifique o custo de postagem para um cartão diferente.

Como em qualquer peça que precisa chamar a atenção das pessoas instantaneamente, crie uma hierarquia de informações para que o leitor possa correr os olhos pelo cartão e decidir logo se quer ler o resto ou não.

Ótimas ideias de presentes para seus amigos obcecados por internet

Droga! É o que você geralmente diz quando percebe que as festas de fim de ano estão chegando e você não fez nadinha de compras. Mas agora você tem o Cyber Café do Url, cheio de presentes exclusivos criados para os especialistas em internet, como você e seus amigos, e seus parentes viciados na rede. Boas-festas. Agora, entre na internet, acesse **www.CyberCafedoUrl.com** e divirta-se.

Dicas para o design de cartões postais

Você tem apenas um segundo para capturar a atenção de alguém com um cartão postal não solicitado que chega pelo correio. Não importa o quão bom seja o texto; se o design do cartão não for atraente, ninguém vai ler.

Qual é a sua intenção?

A primeira decisão a tomar é determinar que tipo de efeito você quer alcançar. Quer que os leitores pensem que se trata de uma oferta cara e exclusiva? Então, o cartão postal tem de parecer tão caro e profissional quanto o produto. Quer que os leitores pensem estar diante de uma barganha? Então, o cartão não deve ser tão pretensioso. Lojas de descontos gastam um dinheiro extra para dar ao local a ideia de que têm produtos baratos. Não é por acaso que uma loja de luxo tem um visual diferente (desde o estacionamento até os toaletes) de uma loja de promoções, e isso não significa que a loja de promoções gastou menos na decoração do que a loja de luxo. Cada decoração serve para um objetivo distinto e preciso e busca um mercado específico.

Chame a atenção

As mesmas diretrizes de design aplicam-se a cartões postais de mala direta da mesma forma que a outras peças: contraste, repetição, alinhamento e proximidade. Porém, com esse tipo de cartão, você tem pouco tempo para induzir os remetentes a ler. **Seja corajoso** com cores vivas, seja na tinta ou no fundo do cartão. Use imagens surpreendentes; há muitas fontes de figuras e fotos ótimas e gratuitas que você pode usar de maneiras criativas.

Contraste

O contraste é provavelmente o seu melhor amigo em um cartão postal de mala direta. O título deve contrastar com o resto do texto, as cores devem ter um contraste forte umas com as outras e com a cor do papel usado. E não se esqueça de que **espaços em branco** criam contraste!

Anúncios de jornal

Um anúncio de jornal com um bom design pode ser muito útil para quem anuncia; porém, ter um visual bacana não é suficiente para ter sucesso nos jornais. Aqui vão algumas dicas que ajudarão até o anúncio mais *sexy* a colher bons resultados:

Espaço em branco! Observe para onde o seu olhar vai da próxima vez que vir um jornal. Sobre quais anúncios os seus olhos param naturalmente e quais você lê de verdade? Aposto que você vê e lê pelo menos os títulos dos anúncios que têm mais espaço em branco.

Seja esperto. Nada pode competir com um título inteligente. Nem mesmo um bom design. (Porém, com os dois, as possibilidades multiplicam-se!)

Seja claro. Depois que o título bem pensado tiver atraído as atenções, o anúncio deve dizer claramente aos leitores o que fazer (e dar a eles os meios para isso, ou seja, números de telefone, endereços de e-mail, endereços de sites etc.).

Seja rápido. O anúncio não é o lugar para contar a história da sua vida. O texto deve ser simples e direto.

Use cores quando puder. Elas sempre atraem o olhar, principalmente quando cercadas por um mar de texto cinza.

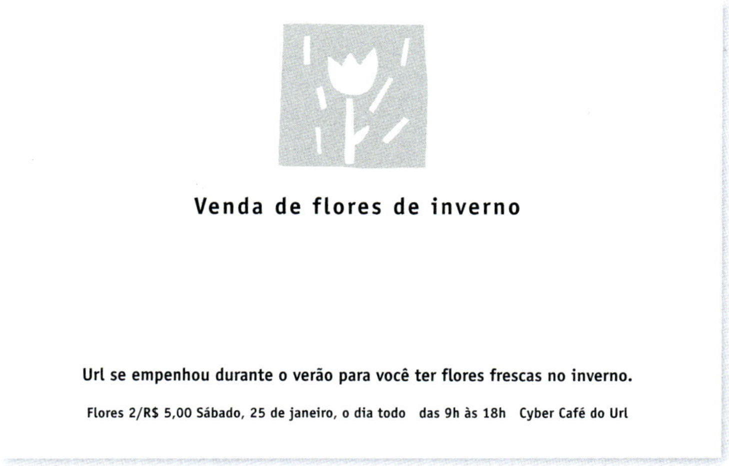

Venda de flores de inverno
Url se empenhou durante o verão para você ter flores frescas no inverno.
Flores 2/R$ 5,00 Sábado, 25 de janeiro, o dia todo das 9h às 18h Cyber Café do Url

Os anúncios não precisam gritar para serem eficazes.

Não faça isto!

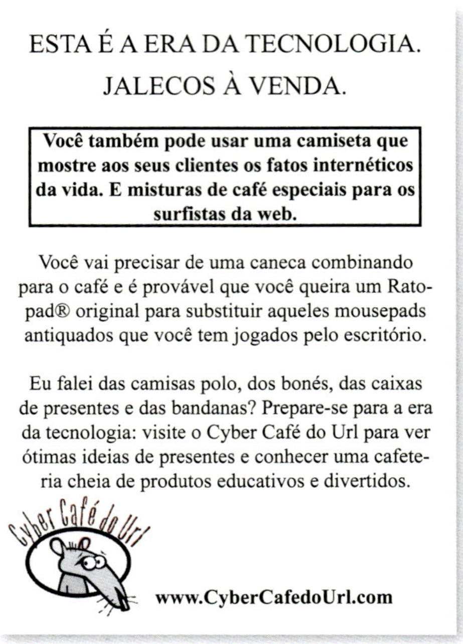

ESTA É A ERA DA TECNOLOGIA.
JALECOS À VENDA.
Você também pode usar uma camiseta que mostre aos seus clientes os fatos internéticos da vida. E misturas de café especiais para os surfistas da web.
Você vai precisar de uma caneca combinando para o café e é provável que você queira um Ratopad® original para substituir aqueles mousepads antiquados que você tem jogados pelo escritório.
Eu falei das camisas polo, dos bonés, das caixas de presentes e das bandanas? Prepare-se para a era da tecnologia: visite o Cyber Café do Url para ver ótimas ideias de presentes e conhecer uma cafeteria cheia de produtos educativos e divertidos.
Cyber Café do Url
www.CyberCafedoUrl.com

Se o título não chamar a atenção, ninguém vai ler o texto, não importa o quão grande seja a fonte. (Se você não deixar tudo em maiúsculas, o título pode ser colocado em tamanho bem maior.)

Não coloque todo o texto no mesmo tamanho. Destaque o título e, depois de chamar a atenção do leitor, ele vai ler o restante do texto, mesmo se estiver em tamanho 9.

VOCÊ COMPRARIA UM
JALECO DE UM RATO FEIO?
Você pode achar que não agora, mas espere até ver os jalecos, as camisetas, os bonés, as camisas polo, os cafés especiais, os chás, as canecas, os Ratopads® e outras excelentes ideias de presentes no Cyber Café do Url.
Mas as pessoas não vêm aqui apenas para fazer compras. É uma cafeteria onde "passar um tempo" é uma forma de arte. E, quando o impulso repentino de comprar um jaleco aparece, nós os temos bem aqui. Por isso, se você pensa que ele é um rato feio e malcuidado, você está certo. Mas, ora, quantos vendedores bonitos de jalecos você conhece?
www.CyberCafedoUrl.com
Caixa postal 23465
Santa Fé, NM 87505
(505) 424-1115
Cyber Café do Url

Não deixe o espaço lotado! Sei que você pagou por ele, mas os espaços em branco são valiosos também, e valem o dinheiro.

A menos que o anúncio traga informações importantes e gratuitas que o leitor realmente quer saber e não pode conseguir em outro lugar, não o lote de coisas. Deixe espaços em branco.

Tente isto. . .

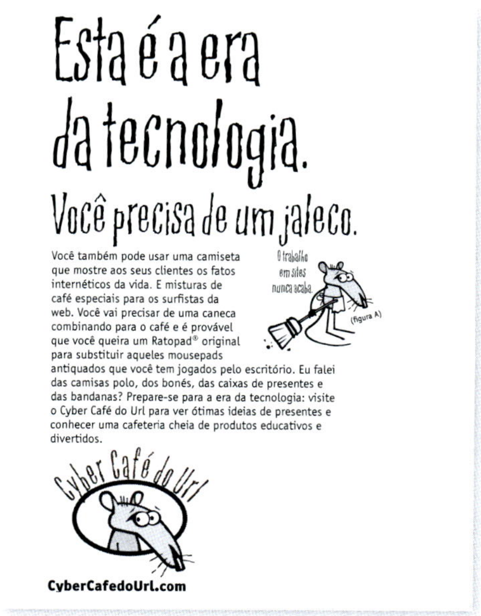

O espaço em branco é bom. O truque com o espaço em branco é que ele deve ser organizado. No primeiro anúncio da página anterior, há a mesma quantidade de espaços em branco que este anúncio, mas está espalhado.

Organize o espaço em branco com a mesma consciência com que você organiza as informações. Se você seguir os outros quatro princípios do design, o espaço em branco vai automaticamente acabar no lugar certo.

Como com qualquer outro projeto de design, use o contraste, a repetição, o alinhamento e a proximidade. Você consegue apontar onde cada um desses conceitos foi usado nestes anúncios?

Dicas para o design de anúncios de jornal

Um dos maiores problemas nos anúncios de jornal é o excesso de informação. Muitos clientes e empresas que pagam por um desses anúncios acham que precisam preencher cada espaço porque ele custa caro.

Contraste

Com um anúncio de jornal, você precisa de contraste não apenas na propaganda em si mas também entre o anúncio e o resto da página onde ele está. Nesse tipo de anúncio, a melhor maneira de criar contraste é com espaço em branco. As páginas de jornal tendem a ser inteiramente cheias. Um anúncio com bastante espaço em branco destaca-se e o leitor não pode evitar que seu olhar seja atraído. Faça o teste. Abra uma página de jornal (ou de lista telefônica) e corra os olhos por ela. Garanto que, se houver espaço em branco na página, seu olhar irá para ele. Isso acontece porque o espaço em branco cria um contraste forte em uma página cheia de informações.

Se você tiver espaço em branco, o título não precisa estar em uma fonte grande e grossa, gritando para competir com todo o resto. Você pode, na verdade, ter um bom resultado com uma bela letra que imite escrita à mão ou uma em um estilo antigo cheio de classe, em vez de usar letras pesadas.

Escolha de fontes

O papel do jornal é poroso e de qualidade inferior, e a tinta se espalha nele. Por isso, não use uma fonte pequena, com serifas delicadas ou linhas muito finas, que engrossarão ao serem impressas, a menos que a use em um tamanho grande o suficiente para que as serifas e os traços não sofram distorção.

Texto vazado

Evite texto vazado (fonte branca em fundo escuro) se possível; porém, se for necessário, use uma fonte sólida sem linhas finas, que seriam pintadas quando a tinta se espalhasse. Como sempre, ao usar texto vazado, use uma fonte um ponto maior e mais grossa do que você usaria normalmente, pois a ilusão de ótica faz com que ela pareça menor e mais fina.

Sites

Embora os quatro princípios básicos que mencionei várias vezes neste livro (contraste, repetição, alinhamento e proximidade) também se apliquem ao design na web, a **repetição** é um dos mais importantes para um site. Os outros três princípios ajudam as páginas a ficarem bonitas e a fazerem sentido, mas a repetição faz com que os visitantes saibam se ainda estão no mesmo site. Repetir o esquema de cores, as fontes, os botões ou elementos gráficos do mesmo tipo colocados na mesma posição em cada página dará conta do recado.

O design de um site é um pouco diferente do design de peças impressas. Se você for novato no assunto e quiser começar a aprender, deve ler o *Web design para não designers.*

Seu site deve ser convidativo e fácil de navegar. Este site é limpo e simples.

O Google.com é um ótimo exemplo de um site fabuloso e útil e, ainda assim, limpo e simples.

Não faça isto!

Não faça os visitantes terem de baixar a página para verem os links de navegação.

Não deixe o texto esbarrar no canto esquerdo da janela do navegador.

Não use a cor padrão azul para o texto ou os links. É um sinal certo de uma página amadora.

Não coloque os links dentro de tabelas grandes e babacas com as margens visíveis.

Não use a fonte em negrito para o corpo do texto e não deixe que o texto ocupe toda a largura da página.

Não use uma cor fluorescente para o fundo, ainda mais com texto fluorescente.

Não faça o leitor ter de deslizar a página para os lados! Mantenha a página dentro do limite de 800 pixels. E, principalmente, não coloque tabelas com mais de 600 pixels de largura ou as pessoas ficarão muito bravas quando forem imprimir a página.

Tente isto. . .

Deixa a página de entrada e a página principal dentro de uma estrutura de 800 pixels de largura e 600 pixels de altura. O visitante não deve ter de baixar a página para encontrar os links!

A falta de elementos ruins de design já é um bom começo na direção de um bom design.

Entre no Peachpit.com ou no Adobe.com. Identifique pelo menos cinco coisas que oferecem ao leitor um visual consistente para que ele sempre saiba, não importa que página abrir, que está naquele site.

Coloque em palavras o que faz a diferença entre os exemplos destas duas páginas. Indicar os elementos de design (bons e ruins) em voz alta o ajuda a melhorar suas habilidades de design.

Dicas para o design de sites

Dois dos fatores mais importantes em um bom design na web são **a repetição e a clareza/legibilidade.** O visitante nunca deve ter de adivinhar como usar o seu sistema de navegação, em que página do site ele está ou se já saiu do site e foi para outro endereço.

Repetição

Repita alguns elementos visuais em todas as páginas do site. Isso não apenas permite que o visitante saiba que ainda está no seu site mas também traz unidade e continuidade, vantagens intrínsecas de qualquer design bem feito.

Depois de chegar às páginas de conteúdo, o visitante deve ver a navegação no mesmo lugar, na mesma ordem e com as mesmas figuras. Isso não apenas faz com que seja mais fácil o visitante "ir e vir" pelo site mas proporciona um **fator de unidade** para o conjunto de páginas.

Clareza/legibilidade

Um dos lugares onde é mais difícil ler um texto é a tela, seja de televisão ou computador. Assim, são necessários alguns ajustes no texto de páginas da web para que ele seja o mais fácil de ler possível.

Use **linhas mais curtas** do que no papel. O corpo de texto nunca deve ir de um lado ao outro da página, o que significa que você deve colocar o texto em uma tabela ou usar o código CSS (ou, pelo menos, usar um recuo de bloco, que recue o texto à esquerda e à direita). Porém, não use linhas tão curtas a ponto de ter de quebrar muito as frases.

Se você especificar que o texto deve aparecer em uma determinada fonte (se não, ignore isto), geralmente Helvetica ou Arial e Times ou Times New Roman, escolha Geneva, Verdana ou Trebuchet em vez de Helvetica, e New York ou Georgia em vez de Times. Isso faz com que o texto apareça muito mais limpo e fácil de ler em computadores Macintosh. (Se você usa um Mac, defina sua fonte padrão para New York em vez de Times e ficará impressionado ao ver como ficará mais fácil ler as páginas de internet. Troque de novo para Times antes de imprimir uma página.) Verdana e Trebuchet são encontradas em todos os sistemas operacionais atualizados nos últimos anos e são ótimas escolhas para o corpo de texto na web.

Design com FONTES

A segunda metade deste livro lida especificamente com tipografia, já que a tipografia é o coração do design, certo? Esta seção em especial fala do problema de combinar mais de uma fonte na mesma página.

Embora um foco seja a estética da tipografia, nunca se esqueça de que o seu objetivo é a comunicação. Tipografia nunca deve inibir a comunicação.

fontes
Miss Fajardose
Tabitha
Onyx

QUE FONTE DEVO USAR?

Os deuses se recusam
a responder.

Eles se recusam
porque
eles
não
sabem.

W.A. DWIGGINS

fontes
PERCOLATOR EXPERT
Shannon Book Oblique
ITC Golden Cockerel Initial Ornaments

Tipografia (& vida)

A tipografia é o tijolo de base de qualquer página impressa. Muitas vezes, é irresistivelmente instigante e, às vezes, totalmente necessário usar mais de uma fonte no design de uma página. No entanto, como saber quais fontes ficam bem juntas?

Na vida, quando há mais de uma unidade de qualquer coisa, uma relação dinâmica é estabelecida. Na tipografia, geralmente há mais de um elemento em uma página; até um documento com apenas um texto simples costuma ter títulos e subtítulos ou, pelo menos, numeração nas páginas. Dentro dessa dinâmica na página (ou na vida), uma relação é estabelecida e ela é concordante, conflitante ou contrastante.

> Uma relação **concordante** ocorre quando se usa apenas uma família de fontes sem muita variação de estilo, tamanho, peso e assim por diante. É fácil deixar a página harmonizada e a disposição tende a parecer calma e bastante serena ou formal... Às vezes, bem chata.
>
> Uma relação **conflitante** ocorre quando se combinam fontes *semelhantes* (mas não a mesma fonte) em estilo, tamanho, peso, e assim por diante. As semelhanças são perturbadoras porque a atração visual não é a mesma (concordante), mas também não é diferente (contrastante). Por isso, há conflito.
>
> Uma relação **contrastante** ocorre quando se combinam fontes e elementos separados que são claramente diferentes uns dos outros. Os designs visualmente atraentes e instigantes, que chamam a atenção, costumam ter muito contraste, e esse contraste é enfatizado.

A maioria dos designers improvisa quando se trata de combinar mais de uma fonte em uma página. Você pode perceber quando uma fonte deveria ser maior ou um elemento deveria ser mais grosso. Porém, quando você sabe reconhecer e *identificar os contrastes*, você tem poder sobre eles. Você pode, então, perceber os problemas de conflito com mais rapidez e encontrar soluções mais interessantes. E *esse* é o objetivo desta seção.

Concordância

Um design concordante aparece quando se escolhe apenas uma fonte e os outros elementos da página têm as mesmas características da fonte. Talvez seja usada uma versão em itálico da fonte ou um tamanho maior para o título, ou uma imagem e vários ornamentos; mas a impressão básica ainda é concordante.

A maioria dos designs concordantes tende a ser muito calma e formal. Isso não significa que seja indesejável, apenas leve em consideração a impressão que você passa ao usar elementos que estão em concordância uns com os outros.

A vida é apenas uma sombra que se move,
um pobre músico que pavoneia e gasta sua hora no
palco e, depois, não é mais ouvido; é uma história
contada por um idiota, *cheia de som e fúria,*
sem significado algum.

Esse exemplo de concordância usa Cochin. A primeira letra é maior e está em itálico (Cochin Italic), mas a peça toda é calma e controlada.

fontes
Cochin Medium *and Italic*

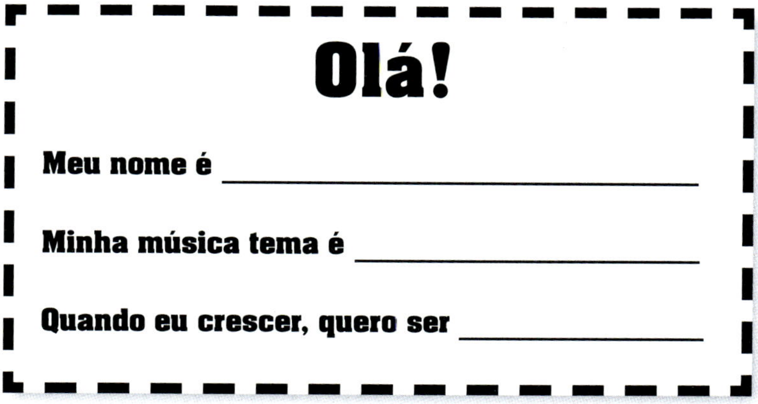

Olá!
Meu nome é
Minha música tema é
Quando eu crescer, quero ser

A fonte pesada (Aachen Bold) combina com a margem pesada. Até a linha para escrever é pesada.

Você está cordialmente convidado
para participar da nossa
cerimônia de casamento
Popeye & Olívia Palito
1º de abril
3 horas da tarde
Praça Berkeley

A fonte (Linoscript), a margem fina e os ornamentos delicados dão a mesma impressão de estilo.

Parece familiar? Muitas pessoas não gostam de arriscar nos seus convites de casamento e usam o princípio da concordância. Isso não é ruim! Mas deve ser uma escolha consciente.

fontes

Aachen Bold

Linoscript (with Type Embellishments Three)

Conflito

Um design está em conflito quando são usadas duas ou mais fontes na mesma página que são *semelhantes:* não exatamente diferentes e não exatamente iguais. Vi incontáveis casos de estudantes tentando combinar uma fonte com outra da página, procurando aquela que "é parecida". Isso está errado. Quando combinamos duas fontes muito semelhantes, a maioria das vezes parece que foi um erro. *O problema está na semelhança,* pois semelhanças entram em conflito.

Concordância é um conceito sólido e útil; **conflito** deve ser evitado.

A vida é apenas uma sombra que se move,
um pobre músico que pavoneia e gasta sua hora no
palco e, depois, não é mais ouvido; é uma história
contada por um idiota, cheia de som e fúria,
sem significado algum.

Ao ler esse exemplo, o que acontece quando você chega à frase "cheia de som e fúria"? Você fica se perguntando por que está em outra fonte? Você imagina que, talvez, se trate de um erro? Fica incomodado? A letra inicial maior parece ter sido colocada ali de propósito?

fontes
Cochin Medium e ITC Garamond Light

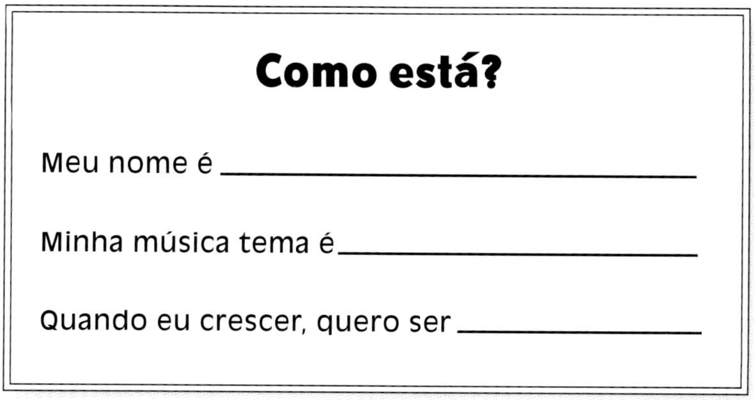

Como está?
Meu nome é
Minha música tema é
Quando eu crescer, quero ser

Olhe com atenção para o "a", o "t" e o "s" no título e nas outras linhas. São parecidos, mas não são iguais. A margem não tem o mesmo peso visual da fonte e das linhas, mas também não cria um contraste forte com elas. Há muito conflito nessa pequena peça.

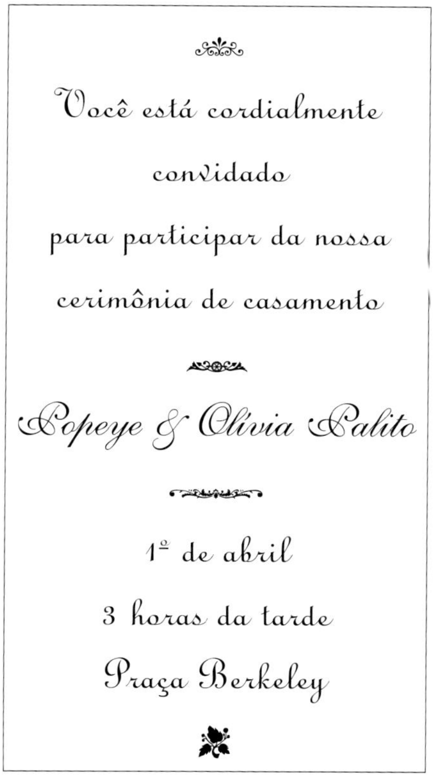

Você está cordialmente
convidado
para participar da nossa
cerimônia de casamento
Popeye & Olívia Palito
1º de abril
3 horas da tarde
Praça Berkeley

Este pequeno convite usa duas fontes diferentes que imitam a escrita à mão. Elas têm muitas semelhanças, mas não são iguais e não são diferentes.

Os ornamentos têm o mesmo tipo de conflito, muitas semelhanças. A peça parece meio desordenada.

fontes

Bailey Sans Extra Bold e Antique Olive Roman
Linoscript e *Shelley Volante Script*
Adobe Wood Type Ornaments Two

Contraste

Não há qualidade neste mundo que não seja o que é meramente pelo contraste. Nada existe por si mesmo. — Herman Melville

Agora, chegou a parte divertida. Criar concordância é muito fácil e criar conflito é fácil, mas indesejável. Criar contraste é simplesmente divertido.

O contraste forte atrai o olhar, como vimos na seção anterior sobre design. Uma das maneiras mais eficazes, simples e satisfatórias de acrescentar contraste a uma peça é por meio da tipologia.

A vida é apenas uma sombra que se move,
um pobre músico que pavoneia e gasta sua hora no
palco e, depois, não é mais ouvido; é uma história
contada por um idiota,
cheia de som e fúria,
sem significado algum.

Nesse exemplo, fica bem claro que a frase "cheia de som e fúria" deve estar em outra fonte. A peça de texto inteira ganha uma atração visual mais instigante e mais energia devido ao contraste da fonte.

fontes
Cochin Medium e Flyswim

Olá!

Meu nome é ______________________

Minha música tema é ______________________

Quando eu crescer, quero ser ______________________

Agora, o contraste entre as fontes fica claro (elas são, na verdade, da mesma família, Antique Olive), a fonte muito grossa contrasta com a fonte fina. O peso da linha da margem e o peso das linhas para escrever também têm uma diferença clara.

VOCÊ ESTÁ CORDIALMENTE CONVIDADO PARA PARTICIPAR DA NOSSA CERIMÔNIA DE CASAMENTO!

Popeye & Olívia Palito

1º DE ABRIL
3 HORAS
DA TARDE
PRAÇA BERKELEY

Este convite usa duas fontes bem diferentes; elas são diferentes de várias maneiras.

A fonte de Popeye e Olívia Palito (chamada Zanzibar) inclui ornamentos (um dos quais é mostrado aqui) que ficam bem com a fonte.

fontes
Antique Olive Black e Roman
LITHOS EXTRA LIGHT
Zanzibar

Resumo

O contraste não é apenas estética. Ele está intrinsecamente ligado à organização e à clareza das informações da página. Nunca esqueça que a finalidade é comunicar. Combinar fontes diferentes deve melhorar a comunicação, não confundir.

Há seis maneiras claras e distintas de contrastar fontes: tamanho, peso, estrutura, forma, direção e cor. O restante do livro fala sobre esses contrastes, um por vez.

Embora eu trate de cada um separadamente, não é comum um único contraste ser eficaz. Na maioria das vezes, o efeito é fortalecido ao combinarmos e enfatizarmos as diferenças.

Se você tiver dificuldade para ver o que há de errado na combinação de fontes, não procure o que elas têm de *diferente*... Procure o que elas têm de *semelhante*. São as semelhanças que causam problema.

A principal regra a seguir ao contrastar fontes é: *não seja covarde!*

Porém . . .

Antes de seguirmos para as maneiras de conseguir contraste, você precisa ter familiaridade com as categorias da tipografia. Dedique alguns minutos a cada página do próximo capítulo, reparando nas semelhanças que unificam uma categoria tipográfica. Depois, tente encontrar alguns exemplos da tipografia em questão antes de passar para a categoria seguinte. Olhe revistas, livros e embalagens, qualquer coisa impressa. Acredite, gastar alguns minutos fazendo isso ajudará a assimilar os conceitos com mais rapidez e aprofundamento.

Categorias de tipografia

Há muitos milhares de fontes diferentes disponíveis hoje em dia e muitas mais sendo criadas o tempo todo. A maioria das fontes, no entanto, encaixa-se em uma das seis categorias abaixo. Antes de tentar ter consciência do *contraste* de fontes, você deve compreender as *semelhanças* entre grupos amplos de designs de tipos, porque são as *semelhanças* que causam os conflitos na combinação de fontes. A finalidade deste capítulo é conscientizá-lo dos detalhes das formas das letras. No capítulo seguinte, vou passar a combiná-las.

É claro que você vai encontrar centenas de fontes que não se encaixam bem em nenhuma categoria. Poderíamos criar muitas categorias diferentes para as variações na tipografia, não se preocupe. O objetivo é começar a olhar para os tipos com mais atenção e clareza.

Vou focar estes seis grupos:

Estilo antigo

Moderna

Serifa grossa

Sem serifa

Manuscrita

Decorativa—INCLUSIVE BAGUNÇADA!

Estilo antigo

As fontes criadas na categoria **estilo antigo** têm como base a letra cursiva dos escribas – você pode imaginar uma caneta de ponta chanfrada na mão. Estilos antigos sempre têm serifas (veja no destaque abaixo) e as serifas das letras minúsculas sempre são angulosas (têm o ângulo da caneta). Por causa dessa caneta, todos os traços curvos das letras têm uma transição do grosso ao fino, chamada tecnicamente de "transição grosso-fino". Esse contraste no traço é relativamente moderado, o que significa que vai do mais-ou-menos-grosso ao mais-ou-menos-fino. Se você traçar uma linha pelas partes mais finas dos traços curvados, a linha é diagonal. Chamamos isso de *ênfase*. A tipografia de estilo antigo têm ênfase diagonal.

Goudy Palatino Times

Baskerville Garamond

Você acha essas fontes todas muito parecidas? Não se preocupe; elas parecem iguais para qualquer um que não tenha estudado tipografia. Sua "invisibilidade" é exatamente o que torna as fontes de estilo antigo o melhor grupo para quantidades grandes de texto. Raramente há características diferenciadoras que atrapalhem a leitura; elas não chamam atenção para si mesmas. Se você está organizando muito texto que quer que as pessoas leiam, escolha uma fonte de estilo antigo.

Moderna

Fontes de estilo antigo imitam os traços humanos feitos com caneta. Porém, conforme o avanço da História, a estrutura dos tipos mudou. A tipografia tem tendências e segue os estilos de vida e as mudanças culturais, assim como os penteados, as roupas, a arquitetura ou a linguagem. Nos anos 1700, o papel mais macio, as técnicas de impressão mais sofisticadas e um aumento geral dos dispositivos mecânicos fizeram com que a tipografia também se tornasse mais mecânica. Novas fontes não seguiam mais o traço da caneta na mão. Fontes modernas têm serifas, mas elas são horizontais em vez de inclinadas e muito finas. Como uma ponte de aço, a estrutura é dura, com uma transição grosso-fino radical (ou contraste) entre os traços. Não há evidência da inclinação da caneta; a ênfase é perfeitamente vertical. Fontes modernas tendem a ter um visual frio e elegante.

Bodoni Times Bold Onyx

Didot, Bold Walbaum

Fontes modernas têm uma aparência marcante, principalmente quando estão muito grandes. Por causa das fortes transições grosso-fino, a maioria delas não é uma boa escolha para textos muito longos; as linhas finas quase desaparecem, as linhas grossas ficam proeminentes e o efeito na página é dito "ofuscante".

Serifa grossa

Junto com a Revolução Industrial, veio um novo conceito: a publicidade. No início, os publicitários pegavam fontes modernas e deixavam os traços grossos ainda mais grossos. Você já deve ter visto pôsteres com letras assim; de longe, só se vê linhas verticais, como uma cerca. A solução óbvia para esse problema foi engrossar as letras por inteiro. Fontes de serifa grossa têm pouca ou nenhuma transição grosso-fino.

Essa categoria de tipos é chamada às vezes de Clarendon, porque a fonte Clarendon (mostrada abaixo) é a epítome desse estilo. As fontes também são chamadas de egípcias porque ficaram populares na época da febre de egiptomania no Ocidente; muitas fontes dessa categoria receberam nomes egípcios para venderem bem (Memphis, Cairo, Scarab).

Clarendon Memphis

New Century Schoolbook

Silica Regular, Light, **Black**

Muitas das fontes de serifa grossa que têm um pouco de contraste grosso--fino (como a Clarendon ou a New Century Schoolbook) proporcionam uma boa leitura, o que significa que podem ser usadas sem problemas em textos longos. Elas apresentam uma página, em geral, mais escura do que aquelas com fontes de estilo antigo, porque seus traços são mais grossos e têm relativamente o mesmo peso. Fontes de serifas grossas são muito usadas em livros infantis por conta do seu visual limpo e direto.

Sem serifa

Fontes sem serifa são aquelas que não têm serifas no final dos traços. A ideia de remover as serifas foi um desenvolvimento bastante tardio na evolução da tipografia e não fez muito sucesso até o início do século XX.

Fontes sem serifa têm o peso quase todo igual, ou seja, praticamente não há transição grosso-fino visível nos traços; as letras têm a mesma grossura por inteiro.

Veja na próxima página outras informações importantes sobre fontes sem serifa.

Proxima Nova **Formata**

Folio Shannon Book, **Bold**

Bailey Sans, **Bold** Syntax

Se as únicas fontes sem serifa que você tem na sua biblioteca de fontes são Helvetica/Arial e Avant Garde, o melhor que você tem a fazer para seus projetos é investir em uma família sem serifa que inclua uma fonte forte, pesada e grossa. Cada uma das famílias acima tem uma grande variedade de pesos, do leve ao muito grosso. Com esse único investimento, você vai se impressionar com o quanto aumentarão suas opções para criar páginas atraentes.

A maioria das fontes sem serifa tem o peso uniforme, como mostramos na página anterior. Algumas, no entanto, têm uma leve transição grosso-fino. Abaixo, há um exemplo da Optima, uma fonte sem serifa com ênfase. Fontes como a Optima são muito difíceis de combinar com outras em uma página; elas têm semelhanças com fontes serifadas nos traços grossos-finos e têm semelhanças com as fontes sem serifa por não terem serifas. Tenha muito cuidado ao trabalhar com uma fonte assim.

Sem serifa

Optima

A Optima é uma fonte muito bela, mas você deve ter cuidado ao combiná-la com outras. Repare nos traços grossos-finos. Ela tem o charme clássico de uma fonte de estilo antigo (consulte a página 154), mas não tem serifa.

a morte

O FAZ PENSAR NA SUA IMORTALIDADE.

J. PHILIP DAVIS

Aqui, você vê a Optima (no texto menor) combinada com a Tabitha. A informalidade impetuosa da Tabitha cria um bom contraste com o charme clássico da Optima.

Manuscrita

A categoria manuscrita inclui todas as fontes que parecem ter sido escritas à mão com uma caneta de caligrafia ou pincel, ou, às vezes, com um lápis ou caneta profissional. Essa categoria poderia ser facilmente dividida em fontes com ligações, fontes sem ligações, fontes que parecem a caligrafia de alguém, fontes que imitam estilos de caligrafia tradicionais, e assim por diante. Porém, para este livro, colocaremos todas no mesmo pacote.

Miss Fajardose Arid Ministry Script

Fountain Pen Emily Austin

Cocktail Shaker

As fontes manuscritas são como cheesecake: elas devem ser usadas de vez em quando para que ninguém fique enjoado. É claro que as mais rebuscadas nunca devem estar em longos blocos de texto e *nunca* com todas as letras maiúsculas. Porém, as fontes manuscritas podem ser impressionantes quando estão muito grandes; não seja covarde!

Carpe Diem

fonte
Linoscript Medium

Decorativa

Fontes decorativas são fáceis de identificar: se a ideia de ler um livro inteiro em certa fonte o deixa com vontade de vomitar, você provavelmente pode colocá-la na categoria decorativa. Fontes decorativas são ótimas; elas são divertidas, diferentes, fáceis de usar, geralmente mais baratas e há uma fonte para cada extravagância que você quiser expressar. É claro que, por *serem* tão diferentes, seu uso é limitado.

JUNIPER THE WALL Tabitha

Pious Henry FlySwim Blue Island

FAJITA SCARLETT

Ao usar uma fonte decorativa, vá além da impressão inicial. Por exemplo, se a Pious Henry parece informal para você, tente usá-la em uma situação mais formal e veja o que acontece. Se você acha que a Juniper tem um toque de velho oeste, experimente usá-la em um material corporativo ou em uma floricultura e veja o que acontece. Dependendo de como você as usa, fontes decorativas podem trazer emoções óbvias, ou você pode manipulá-las para trazerem conotações muito diferentes das primeiras impressões. Porém, isso é assunto para outro livro.

O poderoso
carvalho de hoje
é apenas a noz
de ontem que não desistiu.

A sabedoria às vezes colhe os benefícios do uso de fontes decorativas.

Seja consciente

Para usar a tipografia com eficiência, você tem de estar consciente. Quero dizer, você tem de manter os olhos abertos, reparar nos detalhes, dar nome aos problemas. Ou, quando vir algo que o atraia, deve saber *por que* isso acontece.

Dedique alguns minutos para folhear uma revista. Tente categorizar as fontes que você vir. Muitas não se encaixarão perfeitamente em um único tipo, mas isso não é um problema; escolha a categoria que pareça mais próxima. A intenção é você prestar mais atenção nas formas das letras, o que é essencial se quiser combiná-las com perfeição.

Desafio nº 3: Categorias de tipografia

Ligue a categoria com a fonte!

Estilo antigo	NO RODEIO
Moderna	Alta Sociedade
Serifa grossa	*Muito Atrevida para Descrever*
Sem serifa	Conforme eu me lembro, Adam
Manuscrita	O enigma continua
Decorativa	***É a sua atitude***

Desafio nº 4: Transições grosso-fino

As fontes a seguir:

A têm transições grosso-fino moderadas

B têm transições grosso-fino radicais

C não têm nenhuma transição grosso-fino (ou têm transição insignificante)

Giggle

A B C

Jiggle

A B C

Diggle

A B C

Piggle

A B C

Higgle

A B C

Wiggle

A B C

Desafio nº 5: Serifas

As letras minúsculas dos exemplos abaixo:

A têm serifas finas e horizontais

B têm serifas horizontais e grossas

C não têm serifas

D têm serifas inclinadas

Diggle

A B C D

Riggle

A B C D

Figgle

A B C D

Biggle

A B C D

Miggle

A B C D

Tiggle

A B C D

Observe a grande diferença entre as letras “g”! É muito divertido.

Resumo

Não há palavras suficientes para ressaltar o quanto é importante você ter consciência dessas amplas categorias de fontes. Conforme você avançar no capítulo seguinte, vai entender *por que* isso é tão importante.

Um exercício simples para continuar melhorando suas habilidades visuais é colecionar exemplos de cada categoria. Corte-os de qualquer material impresso que encontrar. Você vê algum padrão se desenvolvendo dentro de uma categoria ampla? Vá em frente e crie subtipos, como fontes de estilo antigo que têm uma altura-x pequena e descendentes longos (veja o exemplo abaixo). Ou fontes manuscritas que se parecem mais com letras de forma do que com caligrafia cursiva. Ou fontes estendidas e fontes condensadas (veja abaixo). É a consciência visual do formato das letras que possibilitará a criação de combinações tipográficas interessantes, provocativas e eficientes.

Ascendentes são as partes das letras que estão acima da altura-x.

A **altura-x** é a altura do corpo principal das letras minúsculas.

Descendentes são as partes das letras que estão abaixo da **linha de base** (a linha invisível na qual a fonte se apoia)

Observe a altura-x da Bernhard em comparação com a Eurostile abaixo. Compare a altura-x com os ascendentes. A Bernhard tem uma altura-x muito menor do que o comum em relação aos ascendentes. A maioria das fontes sem serifa têm alturas-x grandes. Comece a reparar nesse tipo de detalhe.

Eurostile Bold 18 pontos Bernhard 18 pontos

Eurostile Bold Extended

Eurostile Bold Condensed

Fontes estendidas parecem esticadas; fontes condensadas parecem espremidas. As duas são apropriadas em certas circunstâncias.

Contrastes na tipografia

Este capítulo foca-se na combinação de fontes. As páginas a seguir descrevem várias maneiras como os tipos podem ser contrastados. Cada página mostra exemplos específicos e, no final desta seção, há exemplos que usam esses princípios do contraste na tipografia. O contraste de fontes não é apenas uma questão estética, mas serve também para melhorar a comunicação.

O leitor nunca deve precisar tentar descobrir o que está acontecendo na página; o foco, a organização do material, a finalidade, o fluxo de informações, tudo deve ser reconhecido imediatamente, à primeira vista. E, nesse caminho, não custa nada deixar o design bonito!

Estes são os contrastes que eu discuto:

Tamanho

Peso

Estrutura

*F*ORMA

Direção

Cor

fontes
Tekton Regular
Aachen Bold
Folio Extra Bold
& Warnock Pro Regular
Shelley Volante Script
& Formata Bold
Madrone
Zanzibar Regular

Tamanho

A qual categoria tipográfica pertence esta fonte?

Um contraste de tamanho é bastante óbvio: letra grande *versus* letra pequena. No entanto, para que um contraste de tamanho funcione com eficiência, *não seja covarde.* Não é possível contrastar uma fonte de 12 pontos com uma fonte de 14 pontos; na maioria das vezes, elas vão apenas entrar em conflito. Não é possível contrastar uma fonte de 65 pontos com uma fonte de 72 pontos. Se for contrastar dois elementos tipográficos por meio do tamanho, *então faça isso mesmo.* Tem de ser óbvio, não permita que as pessoas pensem que se trata de um erro.

EI, ELA ESTÁ TE CHAMANDO DE

COVARDE

Decida qual elemento tipográfico você quer que seja o foco. Enfatize-o com o contraste.

OUTRO

informativo

Volume 1 ▪ Número 1 Janeiro ▪ 2010

Muitas vezes, outros elementos tipográficos precisam estar presentes, mas não são importantes de verdade para o público leitor em geral. Deixe-os pequenos. Quem se importa com qual é o volume? Se alguém se importar com isso, ainda conseguirá ler. Não há problema em deixar informações em fonte com tamanho menor do que 12!

fontes

Folio Light e **Extra Bold**
ITC American Typewriter Medium e **Bold**

Um contraste de tamanho nem sempre significa que é necessário usar uma fonte grande, significa apenas que deve haver contraste. Por exemplo, quando você vê uma linha pequena de texto sozinha em uma grande página de jornal, você é atraído a lê-la, certo? Uma parte importante do que o atrai é o contraste da letra muito pequena em uma página grande.

Ha ha ~ madja look!

Duis autem el eum irure dolor in rep rehend erit in volup tate velit esse moles taie son conswquat, vel illum dolore en guiat nulla pariatur. At vero esos et accusam et justo odio disnissim qui blan dit praesent lupatum del enit vel illum.

Aigue duos dolor et molestais exceptur sint occaecat cupid at non provident, simil tempor. Sirt in culpa qui of ficia deserunt aliquan erat volupat. Lorem ipsum dolor sit amet, consectetur adip scing elit, diam no nnumy.

Se você se deparasse com esta página inteira de jornal, leria o pequeno texto no meio? O contraste faz isso.

Rainfish

I N C O R P O R A T E D

Às vezes, o contraste do grande com o pequeno pode ser um pouco perturbador; ele pode apagar a fonte menor. Tire vantagem disso. Quem quer reparar na palavra "incorporated"? Embora esteja pequena, ela com certeza não está invisível, está aí para quem precisar vê-la.

fontes

Wade Sans Light
DivaDoodles
Brioso Pro
Memphis Extra Bold e Light

Várias vezes eu recomendei que você não usasse todas as letras em maiúsculas. É provável que você faça isso quando quer deixar as letras maiores, certo? Por ironia, quando a fonte está em maiúsculas, ela ocupa muito mais espaço, assim, é necessário usá-la um ponto menor. Se o texto estiver em minúsculas, é possível usar um tamanho muito maior, além de ficar mais legível.

Este título tem 20 pontos. É o maior tamanho possível nesse espaço com as letras todas maiúsculas.

fontes
Silica Bold
Wendy Medium

Deixando o título em letras minúsculas, pude aumentá-lo para 28 pontos. Além disso, ainda sobrou espaço para deixar a letra mais grossa.

Use o contraste de tamanho de maneiras incomuns e provocativas. Muitos dos nossos símbolos tipográficos, como números, o "&" ou as aspas, são muito bonitos quando estão extremamente grandes. Use-os como elementos decorativos em um título ou uma citação em destaque, ou como elementos repetitivos ao longo de uma publicação.

O som & a fúria

Um contraste incomum de tamanho pode tornar-se um elemento gráfico por si mesmo. Isso é útil se você tem disponibilidade limitada de imagens para um projeto.

fontes
Zanzibar Regular
(Zanzibar Regular)

Dicas de viagem

1 Leve o dobro do dinheiro de que você acha que vai precisar.

2 Leve metade das roupas de que você acha que vai precisar.

3 Nem se incomode em anotar o endereço de todas as pessoas que esperam que você lhes escreva.

fontes
Bodoni Poster
Bauer Bodoni Roman

Se você usar um item em um tamanho incomum, procure repetir o conceito em outra parte da publicação para criar uma repetição atraente e útil.

Peso

A qual categoria tipográfica pertence esta fonte?

O peso de uma fonte refere-se à espessura de seus traços. A maioria das famílias tipográficas foi criada em uma variedade de pesos: regular, negrito, talvez extranegrito, seminegrito ou leve. Ao combinar pesos, lembre-se da regra: *não seja covarde.* Não contraste o peso regular com o seminegrito, use um negrito mais pesado. Se estiver combinando fontes de duas famílias diferentes, uma geralmente será mais grossa que a outra; enfatize essa diferença.

A maioria das fontes que vêm como padrão em computadores não conta com um negrito bastante pesado nas famílias. Eu o aconselho com sinceridade a investir em pelo menos uma fonte bem grossa e preta. Procure em catálogos online. Um contraste de peso é uma das maneiras mais fáceis e eficazes de acrescentar interesse visual a uma página sem ter de refazer o design. Porém, nunca será possível criar um contraste bonito e forte sem ter uma fonte de traços grandes e sólidos.

Formata Light
Formata Regular
Formata Medium
Formata Bold

Silica Extra Light
Silica Regular
Silica Bold
Silica Black

Garamond Light
Garamond Book
Garamond Bold
Garamond Ultra

Estes são exemplos dos diversos pesos que costumam existir em uma família. Repare que não há muito contraste de peso entre uma versão fina e o peso seguinte (chamado de regular, medium ou book).

Também não há um contraste forte entre os pesos seminegritos e os negritos. Se você vai contrastar pesos, não seja covarde. Se o contraste não for bem visível, vai parecer um erro.

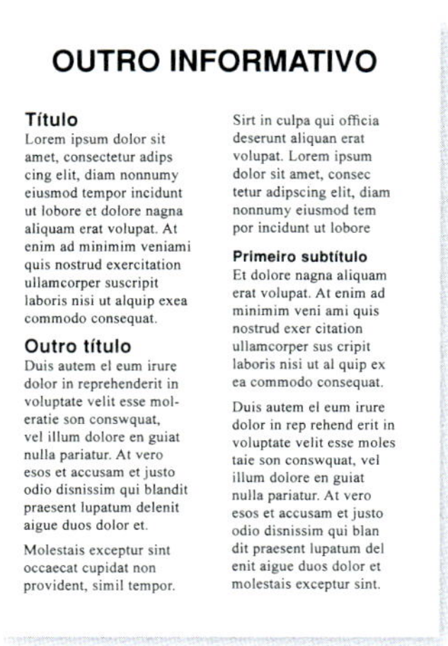

OUTRO INFORMATIVO

Título
Lorem ipsum dolor sit amet, consectetur adips cing elit, diam nonnumy eiusmod tempor incidunt ut lobore et dolore nagna aliquam erat volupat. At enim ad minimim veniami quis nostrud exercitation ullamcorper suscripit laboris nisi ut alquip exea commodo consequat.

Outro título
Duis autem el eum irure dolor in reprehenderit in voluptate velit esse mol-eratie son conswquat, vel illum dolore en guiat nulla pariatur. At vero esos et accusam et justo odio disnissim qui blandit praesent lupatum delenit aigue duos dolor et.

Molestais exceptur sint occaecat cupidat non provident, simil tempor.

Sirt in culpa qui officia deserunt aliquan erat volupat. Lorem ipsum dolor sit amet, consec tetur adipscing elit, diam nonnumy eiusmod tem por incidunt ut lobore

Primeiro subtítulo
Et dolore nagna aliquam erat volupat. At enim ad minimim veni ami quis nostrud exer citation ullamcorper sus cripit laboris nisi ut al quip ex ea commodo consequat.

Duis autem el eum irure dolor in rep rehend erit in voluptate velit esse moles taie son conswquat, vel illum dolore en guiat nulla pariatur. At vero esos et accusam et justo odio disnissim qui blan dit praesent lupatum del enit aigue duos dolor et molestais exceptur sint.

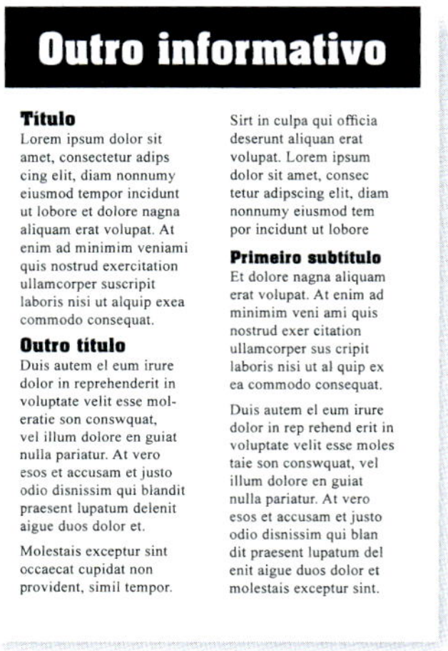

Outro informativo

Titulo
Lorem ipsum dolor sit amet, consectetur adips cing elit, diam nonnumy eiusmod tempor incidunt ut lobore et dolore nagna aliquam erat volupat. At enim ad minimim veniami quis nostrud exercitation ullamcorper suscripit laboris nisi ut alquip exea commodo consequat.

Outro titulo
Duis autem el eum irure dolor in reprehenderit in voluptate velit esse mol-eratie son conswquat, vel illum dolore en guiat nulla pariatur. At vero esos et accusam et justo odio disnissim qui blandit praesent lupatum delenit aigue duos dolor et.

Molestais exceptur sint occaecat cupidat non provident, simil tempor.

Sirt in culpa qui officia deserunt aliquan erat volupat. Lorem ipsum dolor sit amet, consec tetur adipscing elit, diam nonnumy eiusmod tem por incidunt ut lobore

Primeiro subtitulo
Et dolore nagna aliquam erat volupat. At enim ad minimim veni ami quis nostrud exer citation ullamcorper sus cripit laboris nisi ut al quip ex ea commodo consequat.

Duis autem el eum irure dolor in rep rehend erit in voluptate velit esse moles taie son conswquat, vel illum dolore en guiat nulla pariatur. At vero esos et accusam et justo odio disnissim qui blan dit praesent lupatum del enit aigue duos dolor et molestais exceptur sint.

Você se lembra desses exemplos da primeira parte do livro? Na esquerda, usei as fontes que vieram no computador; os títulos estão em Helvetica (Arial) Bold, o corpo do texto está em Times Roman Regular.

Na direita, o corpo do texto ainda está em Times Roman Regular, mas usei uma fonte mais pesada para os títulos (Aachen Bold). Com apenas essa pequena mudança (um peso maior para o contraste), a página ficou muito mais convidativa. (O título também está mais pesado e está vazado em uma caixa preta, criando mais contraste.)

Você se lembra desse exemplo de páginas anteriores? Deixando o nome da empresa em letras maiúsculas e minúsculas em vez de apenas maiúsculas, não apenas consegui deixar a letra maior, mas pude deixá-la mais pesada também, acrescentando, assim, contraste e interesse visual ao cartão. O peso maior também confere ao cartão um foco mais forte.

O contraste de peso não apenas deixa a página mais atraente aos olhos, mas é uma das maneiras mais eficientes de organizar as informações. Você já faz isso quando coloca os títulos e subtítulos em negrito. Assim, pegue essa ideia e vá um pouco além. Veja o sumário abaixo; repare como você percebe instantaneamente a hierarquia de informações quando os principais títulos e frases estão bem grossos. Essa técnica também é muito útil em um índice, ela permite que o leitor saiba à primeira vista se um item do índice é uma informação de primeiro nível ou de nível secundário, evitando, assim, a confusão que costuma surgir quando tentamos buscar um termo em ordem alfabética. Veja o índice deste livro (ou de qualquer um dos meus livros).

Sumário

Sumário

Deixando os títulos dos capítulos mais grossos, as informações importantes estão visíveis à primeira vista e também atraem mais o olhar. Além disso, cria-se uma **repetição** (um dos quatro princípios mais importantes do design, lembra?). Também acrescentei um pouco de espaço **acima** de cada título em negrito, para que eles ficassem agrupados com mais clareza com seus subtítulos (princípio da **proximidade**, lembra?).

fontes
Warnock Pro Regular
Ronnia Bold

Se você tiver uma página muito cinza e não tiver espaço para colocar imagens ou destacar citações e usá-las como imagens, experimente colocar em negrito frases importantes. Elas vão puxar o leitor para a página. (Se você usar uma fonte sem serifa em negrito em um corpo de texto serifado, provavelmente terá de deixar a fonte sem serifa um ponto menor, para que ela pareça ter o mesmo tamanho das palavras serifadas.)

Wants pawn term dare worsted ladle gull hoe lift wetter murder inner ladle cordage honor itch offer lodge, dock, florist. Disk ladle gull orphan worry putty ladle rat cluck wetter ladle rat hut, an fur disk raisin pimple colder Ladle Rat Rotten Hut.

Wan moaning Ladle Rat Rotten Hut's murder colder inset.

Ladle Rat Rotten Hut, heresy ladle bsking winsome burden barter an shirker cockles. Tick disk ladle basking tutor cordage offer groin-murder hoe lifts honor udder sit offer florist. Shaker lake! Dun stopper laundry wrote! Dun stopper peck floors! Dun daily-doily inner florist, an yonder nor sorghum-stenches, dun stopper torque wet no strainers!

Hoe-cake, murder, resplendent Ladle Rat Rotten Hut, and stuttered oft oft. Honor wrote tutor cordage offer groin-murder, Ladle Rat Rotten Hut mitten anomalous woof. Wail, wail, wail, set disk wicket woof, Evanescent Ladle Rat Rotten Hut! Wares are putty ladle gull goring wizard cued ladle basking?

Armor goring tumor oiled groin-murder's, reprisal ladle gull. Grammar's seeking bet. Armor ticking arson burden barter an shirker cockles.

O hoe! Heifer gnats woke, setter wicket woof, butter taught tomb shelf, Oil tickle shirt court tutor cordage offer groin-murder. Oil ketchup wetter letter, and den—O bore!

Soda wicket woof tucker shirt court, an whinny retched a cordage offer groin-murder, picked inner windrow, an sore debtor pore oil worming worse lion inner bet.

Inner flesh, disk abdominal woof lipped honor bet, paunched honor pore oil worming, any garbled erupt. Den disk ratchet ammonol pot honor groin-murder's nut cup an gnat-gun, any curdled ope inner bet, paunched honor pore oil worming, any garbled erupt. Inner ladle wile, Ladle Rat Rotten Hut a raft attar.

Wants pawn term dare worsted ladle gull hoe lift wetter murder inner ladle cordage honor itch offer lodge, dock, florist. **Disk ladle gull orphan worry putty ladle rat cluck** wetter ladle rat hut, an fur disk raisin pimple colder Ladle Rat Rotten Hut.

Wan moaning Ladle Rat Rotten Hut's murder colder inset.

Ladle Rat Rotten Hut, heresy ladle bsking winsome burden barter an shirker cockles. Tick disk ladle basking tutor cordage offer groin-murder hoe lifts honor udder sit offer florist. Shaker lake! Dun stopper laundry wrote! Dun stopper peck floors! Dun daily-doily inner florist, an yonder nor sorghum-stenches, dun stopper torque wet no strainers!

Hoe-cake, murder, resplendent Ladle Rat Rotten Hut, and stuttered oft oft. Honor wrote tutor cordage offer groin-murder, **Ladle Rat Rotten Hut mitten anomalous woof.** Wail, wail, wail, set disk wicket woof, Evanescent Ladle Rat Rotten Hut! Wares are putty ladle gull goring wizard cued ladle basking?

Armor goring tumor oiled groin-murder's, reprisal ladle gull. Grammar's seeking bet. Armor ticking arson burden barter an shirker cockles.

O hoe! Heifer gnats woke, setter wicket woof, butter taught tomb shelf, **Oil tickle shirt court tutor cordage offer groin-murder.** Oil ketchup wetter letter, and den—O bore!

Soda wicket woof tucker shirt court, an whinny retched a cordage offer groin-murder, picked inner windrow, an sore debtor pore oil worming worse lion inner bet.

Inner flesh, disk abdominal woof lipped honor bet, paunched honor pore oil worming, any garbled erupt. **Den disk ratchet ammonol pot honor groin-murder's nut cup an gnat-gun,** any curdled ope inner bet, paunched honor pore oil worming, any garbled erupt. Inner ladle wile, Ladle Rat ammonol pot honor groin-murder's nut cup an gnat gun.

Uma página cinza por inteiro pode tirar a coragem de um leitor casual de acompanhar a história. Com o contraste da fonte em negrito, o leitor pode passar os olhos pelos pontos principais e é mais provável que ele queira mergulhar na leitura.

(Às vezes, é claro, o que o leitor quer é uma página cinza sem detalhes. Por exemplo, ao ler um livro, não gostamos de nos deparar com truques de tipografia sofisticados que interrompam nossos olhos, queremos apenas que a tipografia seja invisível. E algumas revistas e jornais preferem o visual comum e formal de uma página cinza porque o seu público acha importante ter uma impressão mais séria. Há um lugar para tudo. Basta certificar-se de que o visual que você está criando é proposital.)

fontes

Arno Pro Regular

Bailey Sans Extra Bold

Estrutura

A qual categoria tipográfica esta fonte pertence?

A estrutura de uma fonte refere-se a como ela é feita. Imagine que você vai construir uma fonte com materiais que estão na sua garagem. Algumas fontes são feitas com peso uniforme, sem quase nenhuma mudança de peso visível entre os traços, como se você a estivesse construindo com tubos (igual à maioria das fontes sem serifa). Outras têm grande ênfase nas transições grosso-fino, como uma cerca de madeira (as modernas). E outras ficam no meio-termo. Se você for combinar fontes de duas famílias diferentes, *use duas famílias de estruturas diferentes.*

Lembra-se do que estudamos no início desta seção sobre as diferentes categorias tipográficas? Bem, é aqui que essas informações são úteis. Cada categoria tem base em *estruturas* similares. Assim, você já está no caminho certo para uma boa solução tipográfica se escolher duas ou mais fontes de duas ou mais categorias.

Ode	Ode	Ode
Ode	Ode	Ode
Ode	Ode	Ode
Ode	Ode	Ode

Desafio:
Você consegue identificar cada uma das categorias de fontes representadas aqui (uma categoria por linha)?

Se não conseguir, releia a seção, pois esse conceito simples é muito importante.

A estrutura refere-se a como a letra é feita e, como você pode ver nesses exemplos, a estrutura de cada categoria é bastante particular.

Regra da Robin: Nunca coloque duas fontes da mesma categoria na mesma página. Não há como trabalhar com as semelhanças delas. E, além disso, existem tantas outras opções; por que dificultar?

Você leu *The Mac is not a typewriter* ou *The PC is not a typewriter*? (Se não leu, deveria.) Nesses livros, eu afirmo que você nunca deve colocar duas fontes sem serifa na mesma página nem duas fontes com serifa na mesma página... *até que você tenha certo treinamento em tipografia.* Bem, esse é o seu treinamento em tipografia. Você agora está qualificado e autorizado a colocar duas fontes sem serifa ou duas serifadas na mesma página.

No entanto, a regra é que você deve colocar duas fontes de categorias tipográficas diferentes. Ou seja, você pode usar duas fontes serifadas desde que uma seja de estilo antigo e a outra, moderna ou de serifa grossa. Mesmo assim, você deve ter cuidado e enfatizar os contrastes, mas *é* perfeitamente possível dar certo.

Seguindo o mesmo caminho, evite colocar duas fontes de estilo antigo na mesma página. Elas têm semelhanças demais e com certeza entrarão em conflito, não importa o que você faça. Evite colocar duas modernas ou duas de serifa grossa, pelo mesmo motivo. Evite usar duas fontes manuscritas na mesma página.

Não deixe que
as sementes
o impeçam
de saborear
a melancia.

Há cinco tipos diferentes de fontes nesta pequena citação. Não parece tão ruim por uma razão: cada uma tem uma estrutura diferente; **cada uma pertence a uma categoria tipográfica diferente.**

fontes

Formata Bold (sans serif)
Bauer Bodoni Roman (modern)
Blackoak (slab serif)
Goudy Oldstyle (oldstyle)
Shelley Volante (script)

À primeira vista, fontes diferentes parecem tão difíceis de distinguir quanto tigres em um zoológico. Por isso, se a ideia de que há fontes diferentes é nova para você, uma maneira fácil de escolher estruturas contrastantes é usar uma fonte sem serifa e uma com serifa. As fontes com serifa costumam ter um contraste grosso-fino em suas estruturas; as sem serifa costumam ter peso uniforme. Combinar a fonte serifada com a sem serifa é uma solução de eficiência comprovada, com uma variedade infinita de possibilidades. Porém, como você pode ver no exemplo abaixo e à esquerda, o contraste de estruturas sozinho não é suficiente. É necessário enfatizar a diferença combinando-a com outros contrastes, como de tamanho ou peso.

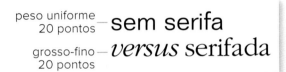

peso uniforme 20 pontos — sem serifa
grosso-fino 20 pontos — *versus* serifada

Você pode ver que o contraste de estrutura sozinho não é suficiente para contrastar a fonte com eficiência.

sem serifa *versus* — peso uniforme 8 pontos
serifada — grosso-fino 50 pontos

Porém, quando acrescentamos o elemento do tamanho... *voilà*! Contraste!

Oiled Mudder Harbored
Oiled Mudder Harbored
Wen tutor cardboard
Toe garter pore darker born.
Bud wenchy gut dare
Door cardboard worse bar
An soda pore dark hat known.

Como o exemplo acima mostra, a combinação de fontes com estruturas diferentes não é suficiente. O contraste ainda é fraco, as diferenças devem ser enfatizadas.

Oiled Mudder Harbored
Oiled Mudder Harbored
Wen tutor cardboard
Toe garter pore darker born.
Bud wenchy gut dare
Door cardboard worse bar
An soda pore dark hat known.

Veja como está muito melhor! Acrescentar peso ao título destaca a diferença de estrutura das duas fontes... e fortalece o contraste entre elas.

fontes
ITC Garamond Light
Folio Light
Warnock Pro Light
Antique Olive Roman e **Black**

Colocar duas fontes sem serifa em uma página é sempre difícil porque há apenas uma estrutura: peso uniforme. Se você for incrivelmente esperto, pode conseguir harmonizar duas fontes sem serifa, caso use uma das raras com transição grosso-fino nos traços, mas eu não recomendo nem tentar. Em vez de tentar combinar duas fontes sem serifa, crie contraste de outras maneiras, usando membros diferentes da mesma família sem serifa. Essas famílias costumam ter boas opções de pesos leves até pesados e, com frequência, incluem uma versão condensada ou estendida (consulte as páginas 182 a 185 sobre contraste de direção).

Sua
atitude
é sua **VIDA**

Veja, duas fontes serifadas juntas! Porém, repare que cada uma tem uma **estrutura** diferente, uma da categoria moderna (Bodoni) e uma de serifa grossa (Clarendon). Também acrescentei outros contrastes, você consegue identificar quais?

MAXIMIZE
suas opções,
ela disse com um sorriso

Aqui temos duas fontes sem serifa juntas, mas repare que eu combinei uma versão de peso uniforme (Imago) com um das poucas fontes sem serifa com transições nas letras (Cotoris), o que dá a ela uma estrutura diferente. Também aumentei o contraste usando a Imago em letras maiúsculas, em tamanho maior, em negrito e na versão roman.

sopa **para**
loucos

E, aqui, temos três fontes sem serifa trabalhando bem juntas. No entanto, as três são da mesma família, a Universe: Ultra Condensed, Bold e Extra Black. Por isso é bom ter pelo menos uma família sem serifa com muitas opções diferentes. Enfatize os contrastes!

Forma

A que categoria tipográfica esta fonte pertence?

A forma da letra refere-se ao seu formato. Os caracteres podem ter a mesma estrutura, mas "formas" diferentes. Por exemplo, a letra maiúscula "G" tem a mesma *estrutura* da letra minúscula "g" da mesma família. Porém, as suas *formas* são muito diferentes entre si. Uma maneira simples de pensar no contraste de formas é pensar na letra maiúscula *versus* a minúscula.

G g

A a

B b

H h

E e

As **formas** de cada uma destas letras maiúsculas (Warnock Pro Light Display) são bastante diferentes das **formas** das letras minúsculas. Assim, letras maiúsculas *versus* minúsculas é outra maneira de contraste tipográfico.

É algo que você já deve estar fazendo, mas, agora, com mais consciência disso, você pode tirar mais vantagem desse potencial de contraste.

Além de cada letra maiúscula ser diferente da forma minúscula, a forma das palavras com todas as letras maiúsculas também é diferente. Por isso é tão difícil ler textos só com maiúsculas. Reconhecemos as palavras não apenas pelas letras, mas pela forma da palavra inteira. Todas as palavras escritas em letras todas maiúsculas têm uma forma retangular parecida, como é mostrado abaixo, e somos forçados a lê-las letra por letra.

Você provavelmente já se cansou de ouvir meus conselhos para não usar as letras todas maiúsculas. Não digo para *nunca* usar esse recurso. Não é *impossível* de ler, obviamente. Apenas tenha consciência de que é mais difícil ler palavras com todas as letras maiúsculas. Às vezes, você pode argumentar que o "visual" da sua peça justifica o uso de letras todas maiúsculas, e tudo bem! No entanto, você também deve aceitar que essas palavras não proporcionam uma leitura tão fácil. Se você puder afirmar com clareza que o design vale o risco de dificultar a leitura, vá em frente e use todas as letras em maiúsculas.

girafa tartaruga

GIRAFA TARTARUGA

Toda palavra com as letras maiúsculas tem a mesma forma: retangular.

O melhor remédio para um coração ferido não é, como muitos parecem pensar, descansar em um peito másculo. São muito mais eficazes o trabalho honesto, a atividade física e a aquisição repentina de

RIQUEZA.

Dorothy L. Sayers

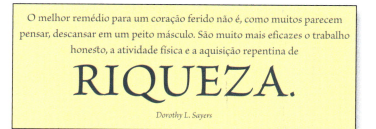

Letras maiúsculas *versus* minúsculas (contraste de forma) geralmente precisam do reforço de outros contrastes. O tamanho foi o único outro contraste acrescentado a esse exemplo.

Outro contraste claro de forma é a versão roman *versus* itálica. Roman, em qualquer fonte, significa simplesmente que as letras estão retas, ao contrário do itálico ou manuscrito, em que as letras ficam inclinadas e/ou "fluidas". Deixar uma palavra ou frase em itálico para enfatizá-la com suavidade é um conceito familiar que você já usa.

G g nerdette

G g nerdette

Esta primeira linha está na versão roman; a segunda, em itálico. As duas são Brioso Pro; suas **estruturas** são iguais, mas suas **formas** são diferentes.

Tente fugir para longe

Tente fugir para longe

Repare que o itálico "verdadeiramente desenhado" (primeira linha) não é apenas a versão roman inclinada (segunda linha). As letras do itálico verdadeiramente desenhado foram refeitas em formas diferentes. Observe bem as diferenças entre o "e", o "f", o "a" e o "g" (as duas linhas usam a mesma fonte).

Tente fugir para longe

Tente fugir para longe

Fontes sem serifa geralmente (nem sempre) têm versões "oblíquas", ou seja, parece que as letras estão apenas inclinadas. A maioria das fontes sem serifa não tem muita diferença entre as versões roman e itálica.

"Sim, ó, *sim*", ela gritou, alegre.

"Sim, ó, *sim*", ela gritou, alegre.

Qual destas frases tem uma palavra em itálico falso?

Já que todas as fontes manuscritas e itálicas têm uma forma inclinada e/ou "fluida", é importam se lembrar de nunca combinar duas fontes itálicas diferentes, ou duas manuscritas diferentes, ou uma itálica e uma manuscrita. Fazer isso com certeza criará conflito, há muitas semelhanças. Felizmente, não é difícil encontrar ótimas fontes para combinar com as manuscritas e itálicas.

O que você acha dessas duas fontes juntas? Algo está errado? Algo incomoda? Um dos problemas com essa combinação é que as duas fontes têm a mesma forma; as duas têm uma forma cursiva e fluida. Uma delas tem de mudar. Mudar para qual forma? (Pense nisso.)

Sim, uma fonte tem de mudar para alguma versão roman. Ao mudar, você também pode escolher uma nova fonte de **estrutura** muito diferente, em vez de uma com contraste grosso-fino. E pode deixá-la mais pesada também.

fontes

Charme

Goudy Oldstyle Italic

Aachen Bold

Direção

A qual categoria tipográfica esta fonte pertence?

Uma interpretação óbvia de "direção" na tipografia são textos inclinados. Por ser tão óbvio, a única coisa que tenho a dizer é "não faça isso". Bem, você pode usar às vezes, mas apenas se souber explicar por que o texto tem de ficar inclinado, por que isso melhora a estética ou a comunicação da peça. Por exemplo, talvez você possa dizer que "este aviso sobre a corrida de barcos deve ficar em um ângulo inclinado para cima e para a direita porque esse ângulo específico cria uma energia positiva na página". Ou que "a repetição desse texto inclinado cria um efeito *staccato* que enfatiza a energia da composição de Bartok que estamos anunciando". No entanto, nunca preencha os cantos com textos inclinados.

O texto inclinado para cima em seu lado direito cria uma energia positiva. Textos inclinados para baixo criam uma energia negativa. Às vezes, você pode tirar vantagem dessas conotações.

os papéis de shakespeare

Divertidos, Peculiares e Educativos

Lorem ipsum dolor sit amet, consectetur adips cing elit, diam nonnumy eiusmod tempor incidunt ut lobore et dolore nagna aliquam erat volupat. At enim ad minimim veniami quis nos trud ex ercitation ullamcorper sus cripit laboris nisi ut alquip exea commodo consequat.

Inesperados

Duis autem el eum irure dolor in reprehenderit in volu ptate velit esse mol eratie son conswquat, vel illum dolore en guiat nulla pariatur. At vero esos et accusam et justo odio disnissim qui blandit pra esent lupatum delenit ai gue duos dolor et. Molestais exceptur sint occaecat cupidat non pro vident, simil tempor. Sirt in culpa qui officia des erunt aliquan erat volupat. Lorem ipsum dolor sit amet, consec tetur adip scing elit, diam no numy eiusmod tem por incidunt ut lobore.

Intrigantes e Controversos

Et dolore nagna aliquam erat volupat. At enim ad minimim veni ami quis nostrud exer citation ulla mcorper sus cripit laboris nisi ut al quip ex ea commodo consequat.

Duis autem el eum irure dolor in rep rehend erit in proles to maheminit and smit off their heads forthwith.

VOLUPTATE VELIT ESSE moles taie son conswquat, vel illum dolore en guiat nulla pariatur. At vero esos et accusam et justo odio disnissim qui blan dit praesent lupatum del enit aigue duos dolor et mol estais exceptur sint. El eum irure dolor in rep rehend erit in voluptate. At enim ad minimim veniami quis nostrud ex ercitation ullamcorper sus cripit laboris nisi ut alquip exea commodo consequat. Et dolore nagna aliquam erat volupat. At enim ad minimim veni ami quis nostrud exer citation ulla mcorper sus cripit laboris nisi ut al quip ex ea commodo consequat. Vero esos et accusam et justo odio disnissim qui blan dit praesent.

Às vezes, um redirecionamento criativo do texto cria um impacto dramático ou um formato único, o que é uma boa justificativa para usar esse recurso.

fontes
Fountain Pen
Formata Light **e Bold**
Brioso Pro Caption

Porém, há outra forma de "direção". Cada elemento tipográfico tem uma direção, mesmo que esteja reto na página. Uma *linha* de texto tem direção horizontal. Uma *coluna* alta e estreita de texto tem direção vertical. São esses movimentos direcionais mais sofisticados de texto que são divertidos e interessantes de contrastar. Por exemplo, uma peça de duas páginas com um título em negrito de uma página a outra e o corpo de texto em diversas colunas altas e finas criam um contraste de direção interessante.

Experiência

ensina a
reconhecer
um erro...
quando
você o
comete
de novo.

Se você tiver um *layout* com potencial para contraste de direção, enfatize-o. Experimente usar uma fonte estendida na direção horizontal e uma fonte alta na direção vertical. Enfatize a vertical acrescentando mais espaço entre as linhas, se for adequado, e colunas mais estreitas do que havia planejado no início.

fontes
Sneakers UltraWide
Coquette Regular
Adobe Wood Type Ornaments Two

Você pode envolver outras partes do *layout* no contraste de direção de texto, como imagens ou linhas, para enfatizar ou contrastar a direção.

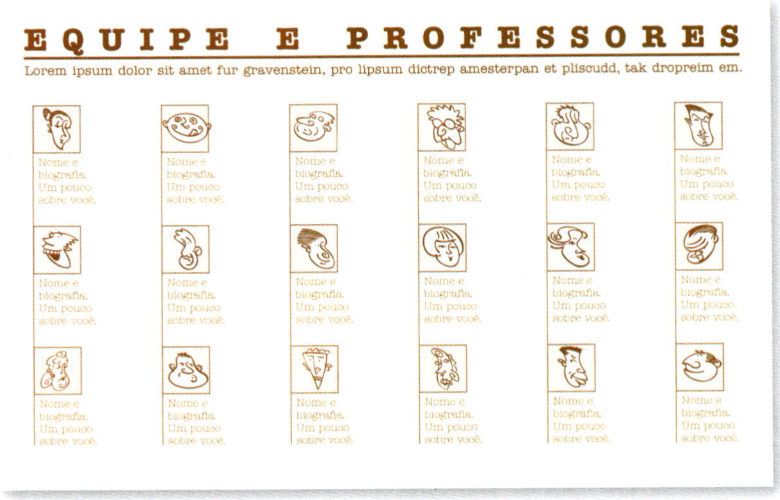

Horizontais longas e colunas altas e finas podem ser combinadas em uma variedade infinita de *layouts* elegantes. O alinhamento é um fator chave aqui: alinhamentos visuais fortes enfatizam e fortalecem os contrastes de direção.

fontes

ITC American Typewriter
Medium e **Bold**
MiniPics HeadBuddies:

Neste exemplo, a direção do texto oferece um equilíbrio para a imagem horizontal.

fontes

Industria Solid
Cotoris Bold

No exemplo abaixo, há um contraste de direção bom e forte. Mas quais outros contrastes também foram empregados para fortalecer a peça? Há três fontes diferentes na composição; *por que* elas trabalham bem juntas?

Repare também na textura que é criada com as estruturas das várias fontes, o espaço entre as linhas, o espaço entre as letras, o peso, o tamanho e a forma. Se as letras pudessem saltar do papel e você pudesse passar os dedos entre elas, cada contraste de fonte também daria um contraste de textura. Você pode "sentir" essa textura visualmente. Essa é uma parte sutil, mas importante, da tipografia. Várias texturas surgem automaticamente quando empregamos outros contrastes, mas é bom ter consciência da textura e do seu efeito.

MARY SIDNEY

CONDESSA DE PEMBROKE

SE FOI DITO EM INGLÊS, MARY DISSE MELHOR.

Ó, a quem posso reclamar meu caso que possa ter compaixão da minha tristeza impaciente? Ou onde devo desenrolar minha dor, que meu coração dilacerado encontre alívio?

Aos céus? Ah, eles infelizmente foram os autores e trabalhadores do meu pesar irremediável: pois eles preveem o que nos acontece aqui, e eles previram, e ainda assim permitiram que assim fosse.

Aos homens? Ah, eles infelizmente são desafortunados e sujeitos às ordens dos céus: destinados a resignar-se a qualquer de seus decretos, sua melhor reparação é seu maior sofrimento.

Então, para mim mesma prantearei minha tristeza, já que nenhum vivo gosta de restos infelizes, e a mim mesma minhas queixas retornarão, para pagar sua usura com dores dobradas.

Dedique alguns minutos para explicar por que essas três fontes trabalham bem juntas.

Se você escolher uma fonte moderna em maiúsculas para o título, qual será a escolha lógica para o corpo do texto?

Se, em vez disso, você escolher uma fonte moderna para a citação, qual será a escolha lógica para o título?

fontes

Bodoni Poster Compressed
Eurostile Bold Extended 2
ITC American Typewriter Medium

Cor

A qual categoria tipográfica esta fonte pertence?

Cor é outro tema, como direção, com interpretações óbvias. Quando falamos de cores, lembre-se de que cores quentes (vermelhos, laranjas) sobressaem e controlam nossa atenção. Nossos olhos são atraídos para as cores quentes, por isso, precisamos de pouco vermelho para criar contraste. Cores frias (azuis, verdes), por outro lado, recuam do nosso olhar. Você pode usar áreas maiores de cores frias; na verdade, *precisamos* de muita cor fria para criar um contraste eficaz.

Scarlett
FLORENCE

Repare que, embora o nome "Scarlett" seja muito menor, ele compete com a palavra maior por causa da cor quente.

Scarlett
FLORENCE

Agora, o nome maior em cor quente sobrepõe-se ao nome menor. Geralmente, evitamos esse efeito... ou tiramos vantagem dele.

Scarlett
FLORENCE

Repare que o "Scarlett" azul claro quase desaparece.

Scarlett
FLORENCE

Para contrastar uma cor fria com eficácia, geralmente precisamos usar mais dela.

fontes
Shelley Volante Script
Goudy Oldstyle

Porém, os tipógrafos sempre se referiram ao **texto preto e branco** em uma página como uma peça com **cor**. É fácil criar contraste com cores "coloridas"; é necessário um olhar mais sofisticado para ver os contrastes de cor no preto e branco e tirar vantagem deles.

Na citação abaixo, é fácil ver "cores" diferentes no texto preto e branco.

A "cor" é criada por variações como as de peso ou formato das letras, estrutura, forma, espaçamento dentro das letras, espaçamento entre as letras, espaçamentos entre as linhas, tamanho das letras ou tamanho da altura-x. Mesmo dentro da mesma fonte, é possível criar cores diferentes.

Assim como a voz dá ênfase a palavras importantes, a tipografia também: **ela grita ou sussurra com a variação do tamanho.**

Assim como o tom da voz deixa as palavras interessantes, a tipografia também: **ela modula por meio da leveza ou do peso.**

Assim como a voz dá cor às palavras por meio da entonação, a tipografia também: **ela define elegância, dignidade e resistência com a escolha da fonte.**

Jan V. White

Aperte os olhos e veja este exemplo. Acostume-se a considerar os diferentes valores de blocos de texto como tendo "cor".

fontes
Cochin Medium e *Italic*
Eurostile Bold Extended 2

Uma fonte leve e arejada, com bastante espaço entre as letras e as linhas, cria uma cor bastante suave (o mesmo acontece com a textura). Uma fonte grossa, sem serifa e apertada cria uma cor escura (com uma textura diferente). Esse é um contraste especialmente útil para ser empregado naquelas páginas cheias de texto e sem imagens.

Uma página cinza em que só há texto pode ser muito chata de olhar e sem atrativos para ser lida. Também pode criar confusão: no exemplo abaixo, as duas histórias têm relação uma com a outra?

Ladle Rat Rotten Hut

Wants pawn term dare worsted ladle gull hoe lift wetter murder inner ladle cordage honor itch offer lodge, dock, florist. Disk ladle gull orphan worry Putty ladle rat cluck wetter ladle rat hut, an fur disk raisin pimple colder Ladle Rat Rotten Hut.

Wan moaning Ladle Rat Rotten Hut's murder colder inset. "Ladle Rat Rotten Hut, heresy ladle basking winsome burden barter an shirker cockles. Tick disk ladle basking tutor cordage offer groin-murder hoe lifts honor udder site offer florist. Shaker lake! Dun stopper laundry wrote! Dun stopper peck floors! Dun daily-doily inner florist, an yonder nor sorghum-stenches, dun stopper torque wet strainers!"

"Hoe-cake, murder," resplendent Ladle Rat Rotten Hut, an tickle ladle basking an stuttered oft. Honor wrote tutor cordage offer groin-murder, Ladle Rat Rotten Hut mitten anomalous woof.

"Wail, wail, wail!" set disk wicket woof, "Evanescent Ladle Rat Rotten Hut! Wares are putty ladle gull goring wizard ladle basking?"

"Armor goring tumor groin-murder's," reprisal ladle gull. "Grammar's seeking bet. Armor ticking arson burden barter an shirker cockles."

"O hoe! Heifer gnats woke," setter wicket woof, butter taught tomb shelf, "Oil tickle shirt court tutor cordage offer groin-murder. Oil ketchup wetter letter, an den—O bore!"

Soda wicket woof tucker shirt court, an whinny retched a cordage offer groin-murder, picked inner windrow, an sore debtor pore oil worming worse lion inner bet. Inner flesh, disk abdominal woof lipped honor bet, paunched honor pore oil worming, an garbled erupt. Den disk ratchet ammonol pot honor groin-murder's nut cup an gnat-gun, any curdled ope inner bet.

Inner ladle wile, Ladle Rat Rotten Hut a raft attar cordage, an ranker dough ball. "Comb ink, sweat hard," setter wicket woof, disgracing is verse. Ladle Rat Rotten Hut entity bet rum, an stud buyer groin-murder's bet.

"O Grammar!" crater ladle gull historically, "Water bag icer gut! A nervous sausage bag ice!"

"Battered lucky chew whiff, sweat hard," setter bloat-Thursday woof, wetter wicket small honors phase.

"O, Grammar, water bag noise! A nervous sore suture anomalous prognosis!"

"Battered small your whiff, doling," whiskered dole woof, ants mouse worse waddling.

"O Grammar, water bag mouser gut! A nervous sore suture bag mouse!"

Daze worry on-forger-nut ladle gull's lest warts. Oil offer sodden, caking offer carvers an sprinkling otter bet, disk hoard-hoarded woof lipped own pore Ladle Rat Rotten Hut an garbled erupt.

Mural: Yonder nor sorghum stenches shut ladle gulls stopper torque wet strainers.

— H. Chace
Anguish Languish

Velho Singleton

. . . Singleton ficou parado na porta com o rosto voltado para a luz e as costas, para a escuridão. E, sozinho no vazio incerto da proa adormecida, ele parecia maior, colossal, muito velho; velho como o próprio Pai Tempo, que deveria ter ido àquele lugar silencioso como um sepulcro para contemplar com olhos pacientes a curta vitória do sono, o consolador. Ainda assim, ele era apenas um filho do tempo, uma relíquia solitária de uma geração devorada e esquecida. Ele ficou parado, ainda forte, sem pensar como sempre; um homem pronto com um vasto passado vazio e sem futuro, com seus impulsos infantis e suas paixões de homem já mortos dentro do peito tatuado.

— Joseph Conrad

Essa poderia ser uma página típica de um informativo ou outra publicação. O cinza monótono não atrai o seu olhar; não há sedução levando o leitor a mergulhar e ler.

fontes

Warnock Pro Regular *e Italic*

Se você adicionar um pouco de "cor" aos títulos e subtítulos com um peso maior, ou talvez destacar uma citação, passagem ou história curta em uma "cor" claramente diferente, será mais provável que o leitor pare na página e leia de verdade. E é essa a intenção, certo?

Além de deixar a página mais convidativa, essa mudança de cor também ajuda a organizar as informações. No exemplo abaixo, fica claro que há duas histórias separadas na página.

Ladle Rat Rotten Hut

Wants pawn term dare worsted ladle gull hoe lift wetter murder inner ladle cordage honor itch offer lodge, dock, florist. Disk ladle gull orphan worry Putty ladle rat cluck wetter ladle rat hut, an fur disk raisin pimple colder Ladle Rat Rotten Hut.

Wan moaning Ladle Rat Rotten Hut's murder colder inset. "Ladle Rat Rotten Hut, heresy ladle basking winsome burden barter an shirker cockles. Tick disk ladle basking tutor cordage offer groin-murder hoe lifts honor udder site offer florist. Shaker lake! Dun stopper laundry wrote! Dun stopper peck floors! Dun daily-doily inner florist, an yonder nor sorghum-stenches, dun stopper torque wet strainers!"

"Hoe-cake, murder," resplendent Ladle Rat Rotten Hut, an tickle ladle basking an stuttered oft. Honor wrote tutor cordage offer groin-murder, Ladle Rat Rotten Hut mitten anomalous woof.

"Wail, wail, wail!" set disk wicket woof, "Evanescent Ladle Rat Rotten Hut! Wares are putty ladle gull goring wizard ladle basking?"

"Armor goring tumor groin-murder's," reprisal ladle gull. "Grammar's seeking bet. Armor ticking arson burden barter an shirker cockles."

"O hoe! Heifer gnats woke," setter wicket woof, butter taught tomb shelf, "Oil tickle shirt court tutor cordage offer groin-murder. Oil ketchup wetter letter, an den—O bore!"

Soda wicket woof tucker shirt court, an whinny retched a cordage offer groin-murder, picked inner windrow, an sore debtor pore oil worming worse lion inner bet. Inner flesh, disk abdominal woof lipped honor bet, paunched honor pore oil worming, an garbled erupt. Den disk ratchet ammonol pot honor groin-murder's nut cup an gnat-gun, any curdled ope inner bet.

Inner ladle wile, Ladle Rat Rotten Hut a raft attar cordage, an ranker dough ball. "Comb ink, sweat hard," setter wicket woof, disgracing is verse. Ladle Rat Rotten Hut entity bet rum, an stud buyer groin-murder's bet.

"O Grammar!" crater ladle gull historically, "Water bag icer gut! A nervous sausage bag ice!"

"Battered lucky chew whiff, sweat hard," setter bloat-Thursday woof, wetter wicket small honors phase.

"O, Grammar, water bag noise! A nervous sore suture anomalous prognosis!"

"Battered small your whiff, doling," whiskered dole woof, ants mouse worse waddling.

"O Grammar, water bag mouser gut! A nervous sore suture bag mouse!"

Daze worry on-forger-nut ladle gull's lest warts. Oil offer sodden, caking offer carvers an sprinkling otter bet, disk hoard-hoarded woof lipped own pore Ladle Rat Rotten Hut an garbled erupt.

Mural: Yonder nor sorghum stenches shut ladle gulls stopper torque wet strainers.

— H. Chace, *Anguish Languish*

Velho Singleton

. . . Singleton ficou parado na porta com o rosto voltado para a luz e as costas, para a escuridão. E, sozinho no vazio incerto da proa adormecida, ele parecia maior, colossal, muito velho; velho como o próprio Pai Tempo, que deveria ter ido àquele lugar silencioso como um sepulcro para contemplar com olhos pacientes a curta vitória do sono, o consolador. Ainda assim, ele era apenas um filho do tempo, uma relíquia solitária de uma geração devorada e esquecida. Ele ficou parado, ainda forte, sem pensar como sempre; um homem pronto com um vasto passado vazio e sem futuro, com seu impulso infantis e suas paixões de homem já mortos dentro do peito tatuado. — **Joseph Conrad**

Esse é o mesmo *layout*, mas com mais "cor". Além disso, observe novamente vários dos exemplos deste livro e você verá com frequência contrastes de fontes que criam variações de cores.

fontes

Aachen Bold

Warnock Pro Caption e Light Italic Caption

Eurostile Extended 2 e **Demi**

Abaixo, observe como você pode mudar a cor de uma mesma fonte, mantendo o tamanho, com ajustes simples. Como você pode ver, esses ajustes simples também podem afetar a quantidade de palavras que cabem em um determinado espaço.

Center Alley worse jester pore ladle gull hoe lift wetter stop-murder an toe heft-cisterns. Daze worming war furry wicket an shellfish parsons, spatially dole stop-murder, hoe dint lack Center Alley an, infect, word	Warnock regular 9 pontos, entrelinha 10,6
Center Alley worse jester pore ladle gull hoe lift wetter stop-murder an toe heft-cisterns. Daze worming war furry wicket an shellfish parsons, spatially dole stop-murder, hoe dint lack	Warnock negrito 9 pontos, entrelinha 10,6. Este é exatamente o mesmo exemplo de cima, mas está na versão negrito.
Center Alley worse jester pore ladle gull hoe lift wetter stop-murder an toe heft-cisterns. Daze worming war furry wicket an shellfish parsons, spatially dole stop-murder, hoe dint lack Center Alley an, infect, word orphan traitor pore gull mar lichen	Warnock Light 9 pontos, entrelinha 10,6. Este exemplo é exatamente igual ao primeiro, mas na versão leve (light) da fonte, não regular.
Center Alley worse jester pore ladle gull hoe lift wetter stop-murder an toe heft-cisterns. Daze worming war furry wicket an shellfish parsons, spatially dole stop-murder, hoe dint lack	Warnock Light 9 pontos, entrelinha 13, espaçamento extra entre letras. Observe que este exemplo tem uma cor mais suave do que o exemplo acima (mesma fonte) devido ao espaço extra entre as linhas (o entrelinha) e as letras.
Center Alley worse jester pore ladle gull hoe lift wetter stop-murder an toe heft-cisterns. Daze worming war furry wicket an shellfish parsons, spatially dole stop-murder, hoe dint lack Center	Warnock Light itálico 9 pontos, entrelinha 13, espaço extra entre letras. Este exemplo é igual ao exemplo acima, mas em itálico. Tem cor e textura diferentes.

Abaixo, você vê exemplos simples de cor de fonte, sem qualquer das manipulações extras que você pode usar para alterar a cor natural do texto. A maioria dos bons livros de tipografia exibe uma ampla variedade de fontes em blocos de texto, para que possamos ver a cor e a textura na página. Um bom livro de amostras de um fornecedor de fontes pode trazer cada fonte em um bloco de texto para permitir a comparação de cores, ou você pode fazer isso no computador.

Center Alley worse jester pore ladle gull hoe lift wetter stop-murder an toe heft-cisterns. Daze worming war furry wicket an shellfish parsons, spatially dole stop-murder, hoe dint lack Center Alley an, infect, word

American Typewriter, 8/10

Center Alley worse jester pore ladle gull hoe lift wetter stop-murder an toe heft-cisterns. Daze worming war furry wicket an shellfish parsons, spatially dole stop-murder, hoe dint lack Center Alley an, infect, word orphan traitor pore gull mar lichen ammonol dinner hormone bang.

Bernhard Modern, 8/10

Center Alley worse jester pore ladle gull hoe lift wetter stop-murder an toe heft-cisterns. Daze worming war furry wicket an shellfish parsons, spatially dole stop-murder, hoe dint lack Center Alley an, infect, word orphan traitor pore gull mar lichen ammonol dinner hormone bang.

Imago, 8/10

Center Alley worse jester pore ladle gull hoe lift wetter stop-murder an toe heft-cisterns. Daze worming war furry wicket an shellfish parsons, spatially dole stop-murder, hoe dint lack Center Alley an, infect, word orphan traitor pore gull mar lichen ammonol dinner hormone bang.

Memphis Medium, 8/10

Center Alley worse jester pore ladle gull hoe lift wetter stop-murder an toe heft-cisterns. Daze worming war furry wicket an shellfish parsons, spatially dole stop-murder, hoe dint lack Center Alley an, infect, word orphan traitor pore gull mar lichen ammonol dinner hormone bang.

Photina, 8/10

Center Alley worse jester pore ladle gull hoe lift wetter stop-murder an toe heft-cisterns. Daze worming war furry wicket an shellfish parsons, spatially dole stop-murder, hoe dint lack Center Alley

Eurostile Extended, 8/10

Combine os contrastes

Não seja covarde. Os *layouts* de fonte mais eficazes tiram vantagem de mais de uma possibilidade de contraste. Por exemplo, se você estiver combinando duas fontes serifadas, cada uma com uma estrutura diferente, enfatize as diferenças contrastando também a forma: se um elemento estiver em letras roman, todas maiúsculas, coloque o outro em itálico e letras minúsculas. Contraste o tamanho também e o peso, talvez até mesmo a direção. Observe os exemplos desta seção novamente, cada um usa mais de um princípio de contraste.

Para ter uma grande variedade de exemplos e ideias, folheie uma boa revista. Observe que cada um dos *layouts* de fonte interessantes depende de contrastes. Subtítulos ou iniciais maiúsculas enfatizam o contraste de tamanho com o contraste de peso; com frequência, há também um contraste de estrutura (serifa *versus* sem serifa) e forma (maiúsculas *versus* minúsculas).

Tente verbalizar o que você vê. *Se você colocar a dinâmica da relação em palavras, terá mais poder sobre ela.* Quando você olhar para um tipo de combinação que lhe dá arrepios porque você tem uma sensação instintiva de que as fontes não trabalham bem juntas, analise-o com palavras.

Antes de tentar encontrar uma solução melhor, você precisa achar o problema. Para encontrar o *problema,* tente indicar as *semelhanças* — não as diferenças. O que há nas duas fontes que as faz competir? As duas estão em letras maiúsculas? As duas têm um forte contraste grosso-fino nos traços? Quão eficaz é o contraste de peso entre as duas? Tamanho? Estrutura?

Ou talvez o foco esteja em conflito. A fonte *maior* está com um peso *leve* e a fonte *menor*, com um peso *grande*, fazendo-as brigar uma com a outra porque as duas estão tentando ser a mais importante?

Dê nome ao problema e, assim, poderá criar a solução.

Resumo

Essa é uma lista dos contrastes que discutimos. Talvez seja útil ter essa lista visível para quando precisar de um lembrete rápido.

Tamanho

Não seja covarde.

Peso

Contraste pesos grandes com pesos leves, não médios.

Estrutura

Veja como o formato das letras é feito: peso uniforme e grosso-fino.

Forma

Letras maiúsculas *versus* minúsculas também é um contraste de forma, assim como roman *versus* itálico ou fontes manuscritas. As fontes manuscritas e as itálicas têm formas semelhantes, assim, não as combine.

Direção

Pense mais em termos de fonte horizontal *versus* colunas altas e estreitas de texto, em vez de texto inclinado.

Cor

Cores quentes sobressaem; cores frias se afastam. Faça experiências com as “cores” do texto preto.

Desafio nº 6: Contraste ou conflito

Olhe com atenção cada um dos exemplos a seguir. Decida se as combinações de fontes **contrastam** com eficácia ou se há **conflito** na peça. **Diga por que a combinação de fontes é boa** (procure as diferenças) **ou diga por que não é boa** (procure as semelhanças). [Ignore as palavras em si, não se preocupe se a fonte é adequada para o produto, pois isso é outro assunto. *Olhe apenas para as fontes.*] Se este livro for seu, circule as respostas corretas.

Contraste
Conflito

CHIQUE
PERFUME

Contraste
Conflito

boa demais
RAÇÃO

Contraste
Conflito

MINHA MÃE
Esta é uma redação sobre por que minha mãe sempre será a melhor mãe do mundo. Até eu virar adolescente.

Contraste
Conflito

FAZENDA FELIZ
Plano de Saúde

Contraste
Conflito

vamos***DANÇAR***hoje

Desafio nº 7: Certo ou errado

Em vez de lhe dar uma lista de **certo** ou **errado**, vou deixar que você decida o que deve ou não ser feito. Circule as respostas certas.

1 Certo Errado Use duas fontes manuscritas na mesma página.

2 Certo Errado Use duas fontes modernas, duas sem serifa, duas de estilo antigo ou duas de serifa grossa na mesma página.

3 Certo Errado Dê mais importância a um elemento tipográfico deixando-o com traços mais grossos e a outro elemento da mesma página deixando-o maior.

4 Certo Errado Use uma fonte manuscrita e uma em itálico na mesma página.

5 Certo Errado Se uma fonte for alta e fina, escolha outra fonte que seja pequena e grossa.

6 Certo Errado Se uma fonte tiver transições grosso-fino marcantes, escolha uma sem serifa ou com serifa grossa.

7 Certo Errado Se você usar uma fonte decorativa muito extravagante, encontre outra fonte extravagante e que chame a atenção para complementá-la.

8 Certo Errado Crie uma disposição tipográfica que seja extremamente interessante, mas ilegível.

9 Certo Errado Lembre-se dos quatro princípios básicos do design ao usar qualquer fonte, não importa de qual maneira.

10 Certo Errado Quebre as regras, *depois que souber identificá-las.*

Um exercício de combinação de contrastes

Aqui temos um exercício divertido que é fácil de fazer e o ajudará a aprimorar suas habilidades tipográficas. Tudo de que você precisa é papel vegetal, uma caneta ou lápis (as pequenas canetas-marcadores com ponta de plástico são ótimas) e uma ou duas revistas.

Trace qualquer palavra da revista que chame sua atenção. Depois, encontre outra palavra que crie um contraste efetivo com a primeira. Neste exercício, o significado das palavras é irrelevante, você deve reparar apenas no formato das letras. Aqui temos um exemplo da combinação de três fontes que eu tracei a partir de uma revista.

A primeira palavra que tracei foi "Hawk". Depois, não precisei mais olhar outras fontes sem serifa. "Rebate" tinha uma forma muito diferente de "Hawk" e eu precisava de algo pequeno e leve e com uma estrutura diferente para ser a terceira fonte.

Trace a primeira palavra e, em seguida, tome uma decisão consciente e em voz alta sobre o que você precisa achar para combinar com essa palavra. Por exemplo, se a primeira palavra ou frase estiver em uma fonte sem serifa, você sabe que a sua próxima escolha não pode ser outra fonte sem serifa, certo? Do que você precisa? Pense com calma nas escolhas.

Tente algumas combinações com várias palavras e, depois, experimente outros projetos, como a capa de um relatório, um pequeno conto em uma página com um título interessante, o cabeçalho de um informativo, a capa de uma revista, um anúncio, e qualquer coisa que possa ser importante para você. Experimente usar canetas coloridas também. Lembre-se, as palavras não precisam fazer sentido.

A vantagem de traçar palavras de revistas é que você tem uma abundância de fontes diferentes que, provavelmente, não existe no seu computador. Isso vai fazer com que você deseje adquirir novas fontes? Sim.

E então, faz sentido?

Tudo isso está fazendo sentido para você? Depois de ver, parece tão simples, não é? Não vai demorar muito até você nem precisar pensar em maneiras de contrastar fontes, você vai automaticamente colocar a fonte certa. Quero dizer, se você tiver a fonte certa no computador. As fontes são muito baratas hoje em dia e você precisa apenas de algumas famílias com as quais fazer todo tipo de combinações dinâmicas. Escolha uma família de cada categoria, certificando-se de que a família sem serifa que você escolher tenha uma versão bem pesada e também uma muito leve.

Depois, vá em frente. E divirta-se!

O processo

Por onde você começa quando cria ou modifica o design de alguma peça?

Comece com o ponto de foco. Decida o que você quer que os leitores vejam primeiro. A menos que você tenha optado por criar um design muito concordante, destaque o ponto de foco com contrastes fortes.

Agrupe as informações em grupos lógicos; decida quais são as relações entre os grupos. Mostre essas relações com a **proximidade** ou a falta dela entre os grupos.

Ao posicionar os textos e as imagens na página, **crie e mantenha alinhamentos fortes.** Se você vir uma margem marcante, como uma fotografia ou linha vertical, fortaleça-a com o alinhamento de outros textos ou objetos.

Crie uma repetição, ou encontre itens que possam ter uma ligação repetitiva. Use uma fonte em negrito, uma linha, um ornamento ou uma disposição espacial. Observe o que já está naturalmente se repetindo e veja se seria adequado reforçar esse elemento.

A menos que tenha escolhido criar um design concordante, certifique-se de que há **contrastes fortes** que atrairão o olhar do leitor. Lembre-se: contraste é *contraste.* Se *tudo* na página for grande, pesado e colorido, não há contraste! Quer você esteja criando contraste com elementos grandes e pesados ou com elementos pequenos e leves, o importante é ser diferente e chamar a atenção.

Um exercício

Abra um jornal ou uma lista telefônica. Encontre qualquer anúncio que você saiba que tem um design fraco (em especial agora que você tem uma consciência visual recém-aprimorada). Será fácil encontrar vários assim, tenho certeza.

Pegue uma folha de papel vegetal e trace o contorno do anúncio (não é justo deixá-lo maior). Agora, movimentando o papel, trace outras partes do anúncio, mas coloque-as no lugar certo, dando a elas um alinhamento forte e colocando os elementos em proximidade quando for adequado, certificando-se de que o ponto de foco seja mesmo o ponto de foco. Mude as letras maiúsculas para minúsculas, deixe alguns itens mais pesados, alguns menores, alguns maiores e livre-se do que for claramente inútil.

Dica: Quanto mais capricho você tiver ao fazer o exercício, mais impressionante será o resultado. Se você apenas rabiscar, a peça final não será mais bonita que a original.

(E esse é um truque que ensinei aos meus alunos de design: quando você tiver um cliente que insista no seu próprio design sem graça e não queira pensar com seriedade no trabalho mais sofisticado que você ofereceu, deixe a sua versão do design dele um pouco bagunçada. Derrame um pouco de café nela, deixe as pontas amassarem, borre o lápis, não alinhe os elementos etc. Para os designs que você sabe que são muito melhores, faça-os muito limpos e organizados, imprima em papel de boa qualidade, monte-os sobre papel grosso, cubra com um plástico protetor etc. Na maioria das vezes, o cliente vai pensar "ó, o seu trabalho realmente é melhor do que o conceito original" e, como ele é um VIP* – e você não é mais –, ele não saberá indicar por que o dele não parece mais tão bom. A impressão dele será de que o seu é muito melhor. E não ouse contar a ninguém que eu lhe ensinei isso.)

*VIP: visually illiterate person (pessoa visualmente iletrada)

Certo, refaça este design!

Aqui temos um pequeno pôster. Não está ruim, mas poderia ganhar uma mãozinha. Algumas mudanças simples farão muita diferença. O maior problema dele é a falta de um alinhamento forte. Além disso, há vários elementos diferentes competindo pelo ponto de foco. Use o papel vegetal para reorganizar os elementos ou esboce algumas versões nesta página.

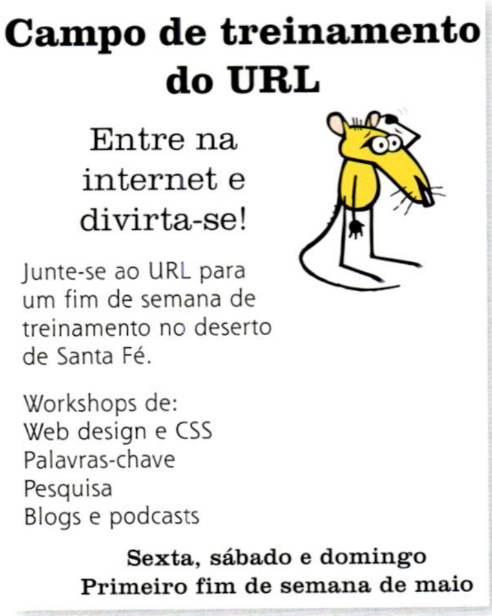

Campo de treinamento do URL
Entre na internet e divirta-se!
Junte-se ao URL para um fim de semana de treinamento no deserto de Santa Fé.
Workshops de:
Web design e CSS
Palavras-chave
Pesquisa
Blogs e podcasts
Sexta, sábado e domingo
Primeiro fim de semana de maio

Respostas dos Desafios

Como professora universitária, todos os testes e projetos que proponho são do tipo "livro aberto, boca aberta". Os alunos sempre podem consultar suas anotações e seus livros, podem conversar entre si e podem conversar comigo. Tendo passado por centenas de cursos na faculdade, indo de um diploma em ciências a um diploma em design, eu aprendi que seria muito mais provável *reter* a informação correta se eu *anotasse* a informação correta. Em vez de adivinhar e depois anotar a resposta errada, o processo de encontrar a resposta certa de um teste era muito mais produtivo. Assim, eu o incentivo a ir e voltar entre os desafios e as respostas, discutir com os amigos e, especialmente, aplicar as perguntas a outras páginas com diferentes designs que você veja. "Olhos abertos" são a chave para ganhar mais conhecimento visual.

Ouça seus olhos.

Respostas: Desafio nº 1 (página 86)

Retire a margem para liberar espaço. Designers novatos tendem a colocar margens ao redor de tudo. Pare com isso! Deixe a peça respirar! Não a limite tanto!

Proximidade

Os títulos estão muito distantes dos itens relacionados com eles: *aproxime-os.*

Foi pulada uma linha acima e abaixo dos títulos: *tire todas as linhas puladas, mas acrescente espaço* ***acima*** *dos títulos, para que fiquem mais unidos ao material seguinte, com o qual são relacionados.*

Separe as informações pessoais dos itens do currículo com um pouco de espaço a mais.

Alinhamento

O texto está centralizado e alinhado à esquerda e as segundas linhas de texto voltam até a margem esquerda: crie um alinhamento forte à esquerda. Todos os títulos alinham-se uns com os outros, todos os marcadores ficam alinhados, as segundas linhas de texto alinham-se com as primeiras.

Repetição

Já há uma repetição do hífen: *reforce essa repetição usando um marcador mais interessante e colocando-o na frente de cada item adequado.*

Já há uma repetição nos títulos: *reforce essa repetição deixando os títulos fortes e escuros.*

Os marcadores escuros e fortes agora repetem e reforçam os títulos, que também estão escuros e fortes.

Contraste

Não há contraste: *use uma fonte forte e em negrito para contrastar os títulos, inclusive a palavra "Currículo" (para ser consistente, ou repetitivo); acrescente contraste com marcadores fortes.*

A propósito: os números, na nova versão, estão na forma "proporcional de estilo antigo", encontrada em muitas fontes opentype. Se não tiver uma, deixe os números um ponto ou dois a menos, para que não chamem uma atenção indevida para si mesmos.

Respostas: Desafio nº 2 (página 87)

Fontes diferentes: Há três fontes sem serifa diferentes, uma fonte serifada, uma manuscrita e uma decorativa. Escolha duas delas: talvez a decorativa que é usada no título e uma serifada bonita para indicar uma graça clássica.

Alinhamentos diferentes: Minha nossa! Alguns elementos estão à esquerda, alguns estão centralizados, alguns dos itens centralizados estão no meio do espaço em branco, alguns não têm nenhuma ligação ou alinhamento com mais nada no mundo.

Linha forte: A logomarca poderia oferecer uma linha forte com a qual alinhar outros elementos.

Falta de proximidade: Agrupe as informações. Você sabe o que deve ficar no mesmo grupo.

Falta de ponto de foco: Vários itens competem pela atenção. Escolha um.

Falta de elementos repetitivos: As quatro logomarcas *não* se qualificam como elementos repetitivos. Elas estão dispostas aleatoriamente em cada canto apenas para preencher espaços vazios; ou seja, não foram colocadas como elementos de um design consciente. Porém, talvez você possa usar a cor da logomarca como elemento repetitivo.

Retire os quadros dentro da margem. Use cantos retos no restante da margem para reforçar os cantos retos da logomarca e deixe as bordas vazias.

TIRE TODAS AS LETRAS DO FORMATO MAIÚSCULO!!!

O exemplo da página a seguir é apenas uma das muitas possibilidades.

Desenhe linhas pelas margens que agora estão alinhadas.

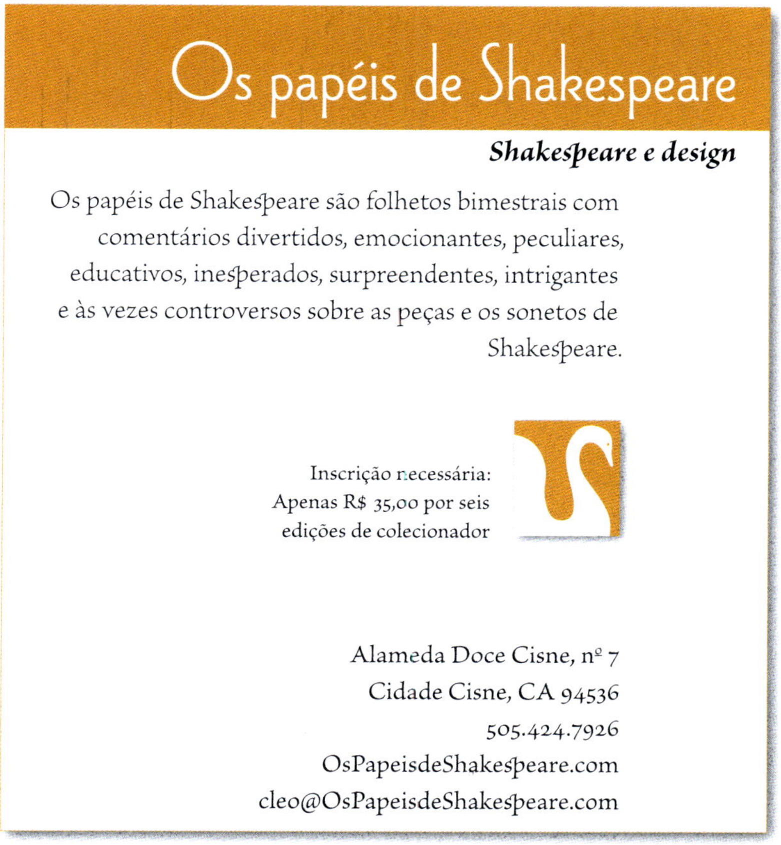
Os papéis de Shakespeare
Shakespeare e design
Os papéis de Shakespeare são folhetos bimestrais com comentários divertidos, emocionantes, peculiares, educativos, inesperados, surpreendentes, intrigantes e às vezes controversos sobre as peças e os sonetos de Shakespeare.
Inscrição necessária:
Apenas R$ 35,00 por seis edições de colecionador
Alameda Doce Cisne, nº 7
Cidade Cisne, CA 94536
505.424.7926
OsPapeisdeShakespeare.com
cleo@OsPapeisdeShakespeare.com

fontes
Wade Sans Light
Brioso Pro Light
e Bold Italic

Respostas: Desafio nº 3 (página 161)

Estilo antigo:	Como eu me lembro, Adam	Sem serifa:	É a sua atitude
Moderna:	Alta Sociedade	Manuscrita:	Muito Atrevida para Descrever
Serifa grossa:	O enigma continua	Decorativa:	No Rodeio

Respostas: Desafio nº 4
(página 162)

Giggle:	B
Jiggle:	C
Diggle:	A
Piggle:	A
Higgle:	C
Wiggle:	B

Respostas: Desafio nº 5
(página 163)

Diggle:	C
Riggle:	A
Figgle:	B
Biggle:	D
Miggle:	D
Tiggle:	A

Respostas: Desafio nº 6 (página 194)

Perfume Chique: **Conflito.** Há muitas semelhanças: As duas fontes estão em letras maiúsculas; as duas têm o mesmo tamanho; as duas são "enfeitadas" (meio ornamentais); elas têm pesos semelhantes.

Ração: **Contraste.** Há um contraste forte de tamanho, cor, forma (tanto letras maiúsculas X letras minúsculas quanto roman X itálico), peso e estrutura (embora nenhuma das duas fontes tenha um contraste grosso-fino definido nos traços, as duas são definitivamente feitas com materiais diferentes).

Minha Mãe: **Conflito.** Embora exista o contraste de forma entre letras maiúsculas e minúsculas, há muitas semelhanças que entram em conflito. As duas fontes têm o mesmo tamanho, peso parecido, a mesma estrutura e a mesma forma roman. Causa incômodo.

Fazenda Feliz: **Conflito.** Há potencial nesse exemplo, mas as diferenças devem ser reforçadas. Há o contraste de forma entre as letras maiúsculas e minúsculas e também entre a fonte estendida e a fonte regular. Há um leve contraste de estrutura já que uma fonte tem uma transição grosso-fino suave e a outra tem peso uniforme e letras estendidas. Você consegue indicar o maior problema? (Pense por um minuto.) Qual é o foco ali? "Plano de Saúde" está tentando ser o foco porque é maior, mas usa uma fonte fina. "Fazenda Feliz" está tentando ser o foco, apesar de ser menor, porque usa letras maiúsculas e em negrito. Você tem de decidir quem é o chefe e enfatizar um dos conceitos, ou "Fazenda Feliz" ou "Plano de Saúde".

Vamos Dançar: **Contraste.** Embora as fontes tenham o mesmo tamanho e sejam da mesma família (Formata), os outros contrastes são fortes: peso, forma (roman X itálico e letras maiúsculas X minúsculas), estrutura (pelos contrastes de peso), cor (embora as duas sejam pretas, o peso de "dança" dá a ela uma cor mais escura).

Respostas: Desafio nº 7 (página 195)

1. **Errado.** Duas fontes manuscritas vão entrar em conflito porque elas geralmente têm a mesma forma.
2. **Errado.** Fontes da mesma categoria têm a mesma estrutura.
3. **Errado.** Eles vão brigar um com o outro. Decida o que é mais importante e enfatize esse item.
4. **Errado.** A maioria das fontes em itálico e manuscritas tem a mesma forma, inclinada e fluida.
5. **Certo.** Você imediatamente tem um contraste forte de estrutura e cor.
6. **Certo.** Você imediatamente tem um contraste de estrutura e cor.
7. **Errado.** Duas fontes extravagantes geralmente entrarão em conflito porque suas características rebuscadas competem por atenção.
8. **Errado.** Sua finalidade ao colocar texto em uma página costuma ser a comunicação. Nunca se esqueça disso.
9. **Certo.**
10. **Certo.** A regra básica para quebrar regras é saber, para começar, quais são as regras. Se você puder justificar a quebra das regras (e o resultado for bom), vá em frente!

Fontes deste livro

Há mais de 300 fontes neste livro. Agora, quando alguém (principalmente um fornecedor de fontes) diz que há "certo número" de fontes, costuma incluir todas as variações de uma fonte: a versão regular é uma fonte, a em itálico é outra, a em negrito é outra etc. Já que você é (ou era) um novato no design, pensei que poderia se interessar em saber quais fontes foram usadas neste livro. **A maioria das fontes é mostrada em 14 pontos**, a não ser que tenha outra informação ao lado. Divirta-se!

Fontes principais

Corpo de texto principal:	Warnock Pro Light, 10,5/14,25 (que significa 10,5 pontos com entrelinha de 14,25).
Títulos dos capítulos:	Bauer Bodoni Bold Condensed, 66/60
Números dos capítulos:	Bauer Bodoni Roman, 225 pontos, cor de ameixa 10%
Fonte pequenininha:	Warnock Pro Caption (a maioria das vezes)
Subtítulos principais:	Silica Regular, 26/22
Legendas:	Proxima Nova Alt Light, 9.5/11.5
Capa:	Glasgow

Modernas

Bauer Bodoni Roman, *Italic*, **Bold Condensed**

Bodoni Poster, Poster Compressed

Didot Regular, **Bold**

Madrone

Mona Lisa Solid

Onyx Regular

(Berthold) Walbaum Book Regular, **Bold**

Times New Roman Bold

Estilo antigo

Arno Pro Regular

New Baskerville Roman

Bernhard Modern

Brioso Pro Light, *Light Italic*,
Regular, *Regular Italic*,
Bold, *Bold Italic*

Cochin Medium, *Italic*,
Bold, *Bold Italic*

ITC Garamond Light,
Book, **Bold, Ultra**

Garamond Premier Pro
Regular, *Italic*

Golden Cockerel Roman

Goudy Oldstyle, *Italic*

Minister Light, *Light Italic*, **Bold**

Palatino Light, *Italic*

Photina Regular, *Italic*

Times New Roman
Regular, *Italic*,
Bold, *Bold Italic*

Adobe Jensen Pro Regular

Warnock Pro Light,
Light Italic, Regular,
Regular Italic, **Bold**,
Bold Italic,
Caption, Light Caption
(criadas especialmente para letras pequenas)

Serifa grossa

Aachen Bold

American Typewriter
Medium, **Bold**

Blackoak

**Clarendon Light,
Roman, Bold**

Memphis Light,
Medium, Bold,
New Century
Schoolbook Roman

Silica Light, Extra Light,
Regular, **Bold, Black**

Sem serifa

Antique Olive Roman, **Black**

Bailey Sans Book, **Bold, Extra Bold**

Cotoris Regular, *Italic*, Bold

Delta Jaeger Light, **Medium, Bold**

Eurostile Demi, **Bold**, Extended Two, **Bold Extended Two, Bold Condensed**

Folio Light, **Medium, Bold, Extra Bold**

Formata Light, **Regular, Medium, *Medium Italic*, Bold, *Bold Italic*, Bold Condensed,** Light Condensed

Franklin Gothic Book

Helvetica Regular, **Bold, *Bold Oblique***

Imago Extra Bold

Myriad Pro Condensed

Officina Sans Book, **Bold**

Optima Roman, *Oblique*, **Bold**

Proxima Nova Regular, **Black**

Proxima Nova Alt Light, **Semibold, Bold, Extra Bold**

Ronnia Regular, *Italic*, **Bold, *Bold Italic***

Shannon Book, *Book Oblique*, **Extra Bold**

Syntax Roman, **Bold, Black,**

Trade Gothic Light, Medium, *Medium Oblique*, Condensed No. 18, **Bold, Bold Condensed No. 20**

Trebuchet Regular, *Italic*

Universe 39 Thin Ultra Condensed, **65 Bold, 75 Black, 85 Extra Black**

Verdana Regular

Manuscritas

Anna Nicole

Arid

Bickham Script Pro (24 pontos)

Carpenter (24 pontos)

Charme

Cocktail Shaker

Coquette Regular, **Bold**

Emily Austin (24 pontos)

Fountain Pen

Linoscript (20 pontos)

Milk Script

Ministry Script

Miss Fajardose (18 pontos)

Shelley Volante Script

Snell Roundhand Bold, Black

Spring Light, **Regular**

Tekton Regular, *Oblique*, **Bold**

Wendy Medium, **Bold** (24 pontos)

Viceroy

Ornamentos

Birds

Diva Doodles

Gargoonies

MiniPics Lil Folks

MiniPics Head Buddies

Renfield's Lunch

Golden Cockerel Ornaments

Minion Pro (ornamentos)

Type Embellishments One

Type Embellishments Two

Type Embellishments Three

Adobe Woodtype Ornaments 2

ITC Zapf Dingbats

Decorativas

(todas as fontes a seguir estão com 18 pontos)

Bodoni Classic Bold Ornate

By George Titling

Canterbury Oldstyle

Blue Island

Coquette Regular, Bold

Escaldio Gothico

FAJITA MILD

FLYSWIM

frances uncial

Glasgow

Improv Regular

Industria Solid

Jiggery Pokery

JUNIPER

LITHOS EXTRA LIGHT

PERCOLATOR EXPERT

Pious Henry

Potzrebie

SCARLETT

Schablone Rough

Schablone Label rough Positive

Schmutz Cleaned

Scriptease

Sneakers Ultrawide

Spumoni

Stoclet Light, **Bold**

Tabitha

Tapioca

THE WALL

Wade Sans Light

Zanzibar

Apêndice

OpenType

Quando você tem uma fonte em um tamanho muito grande, um tamanho muito pequeno e um tamanho médio para a leitura, as letras devem ter uma forma um pouco diferente umas das outras. Tamanhos muito pequenos precisam ser um pouquinho mais pesados e tamanhos muito grandes precisam ser mais leves, senão os traços finos ficam grossos e desajeitados. Porém, a maioria das fontes que estão nos computadores usa uma matriz padrão para, digamos, 12 pontos, e apenas aumenta ou diminui essa matriz. A Warnock Pro, no entanto, é uma coleção de fontes dentro de uma família que foi especificamente criada para os diferentes usos na tipografia. Você pode ver, abaixo, que a fonte "Caption" (para legendas) fica pesada com 20 pontos, mas fica perfeita com 8 pontos. A fonte "Display" parece um pouco magrela com 8 pontos, mas os traços finos ficam adoráveis quando ela está maior. Uma fonte OpenType Pro também tem a opção de usar os números alinhados em estilo antigo (234987) ou os números tabulares (234987), assim como diversas outras opções. Se o computador e o software que você usa forem atuais, você pode ter acesso a até 16 mil caracteres em uma fonte OpenType e pode usar o mesmo arquivo de fonte em Macs e PCs.

Aqui temos um "W" em Warnock Pro Regular em cinza diretamente atrás do "W" da fonte Display. Você pode ver com clareza a diferença nos traços.

Warnock Pro Caption em 20 pontos

Warnock Pro Caption em 8 pontos

Warnock Pro Display em 20 pontos

Warnock Pro Display em 8 pontos

Miniglossário

A **linha de base** é a linha invisível sobre a qual as palavras se apoiam (consulte a página 164).

Corpo do texto refere-se ao bloco de texto principal que você lê, em oposição aos títulos, subtítulos etc. A letra do corpo do texto geralmente é ajustada entre 9 e 12 pontos, com 20% acrescentado entre as linhas.

Um **marcador** é uma pequena marca geralmente usada em uma lista em vez de números, ou entre palavras. Este é o marcador padrão: • .

Um **dingbat** é um pequeno ornamento como: ■❖✓✍❤. Pode ser que você tenha as fontes Zapf Dingbats ou Wingdings, que são feitas de dingbats.

Elementos são os objetos separados da página. Um elemento pode ser uma única linha de texto, ou uma imagem, ou um grupo de itens que estão tão próximos a ponto de serem vistos como uma unidade. Para saber o número de elementos de uma página, aperte os olhos e conte o número de vezes que o seu olhar para, conforme ele repara em cada item separado.

Texto estendido refere-se ao corpo do texto (ver "corpo do texto") quando há muito texto, como em um livro ou relatório longo.

Olhar, ou o seu **olho,** refere-se aos seus olhos como se fossem um corpo independente. Como designer, você pode controlar a maneira como as pessoas movem os "olhos", por uma página (o olhar), por isso você precisa se tornar mais consciente de como os *seus* olhos se movem pela página. Ouça os seus olhos.

Texto justificado é quando um bloco de texto está alinhado tanto na margem esquerda quanto na direita.

Resolução refere-se a quão "bem resolvida" uma imagem parece estar; ou seja, o quão clara e limpa ela parece. É um assunto complicado, mas aqui está a explicação principal:

> ***Páginas impressas:*** Geralmente, as imagens que serão impressas em papel precisam ter 300 dpi (pontos – de tinta – por polegada, em inglês). Sempre converse com a gráfica que vai imprimir as peças e descubra qual é a resolução necessária. Para obter uma imagem com 300 dpi, use um aplicativo de edição de imagens (como o Photoshop) para redimensionar a imagem *para o tamanho que terá quando for impressa*, e ajuste-a para 300 ppi (pixel por polegada, em inglês).
>
> *Para imprimir,* use imagens **.tif**, 300 dpi, modo de cor CMYK.
>
> ***Páginas na tela:*** Imagens na tela têm 72 ppi (pixels por polegadas). Elas ficarão ruins se impressas, mas ficarão ótimas na tela. Use um aplicativo de edição de imagens (como o Photoshop) para redimensionar a imagem *para o tamanho que ela terá na tela*. Isso significa que, se você for usar uma miniatura como *link* para a imagem maior, você vai precisar de ***dois*** arquivos separados da mesma imagem!
>
> *Para a tela,* use imagens **.jpg,** com 72 ppi, modo de cor RGB.

Uma **linha** é uma linha desenhada, como a que está abaixo do título "Miniglossário" acima.

Espaço em branco é o espaço na página que não está ocupado por nenhum texto ou imagem. Você pode chamar de espaço "vazio". Os iniciantes tendem a ter medo do espaço em branco; designers profissionais usam bastante espaço em branco.

Espaço em branco "preso" é quando o espaço em branco, ou vazio, de uma página está preso entre elementos (como texto ou fotos), sem espaço por onde fluir.

Fontes

Veer.com

MyFonts.com

iStockPhoto.com

Before & After Magazine; BAMagazine.com

Layers Magazine; LayersMagazine.com

InDesign PDF Magazine; InDesignMag.com

Índice remissivo

Sobre este livro

Eu atualizei, diagramei, compus e indexei este livro diretamente no Adobe InDesign em um Mac.

As fontes principais são Warnock Pro Light e Regular para o corpo de texto (uma incrível fonte OpenType da Adobe; veja a nota na página 210), Silica Regular para os títulos e Proxima Nova Alt para as citações em destaque. A fonte da capa é Glasgow, desenvolvida originalmente pelo Epiphany Design Studio. As outras mais de 300 fontes estão listadas em outra página.

Sobre esta autora

Eu moro e trabalho em vários hectares de alto deserto nos arredores de Santa Fé, no Novo México. Vejo o sol nascer toda manhã e se pôr toda tarde. Meus filhos cresceram e partiram e estou escrevendo livros sobre assuntos diferentes de computação e viajando a lugares interessantes do mundo, e a vida continua sendo uma grande aventura.

Alguns dos outros livros que escrevi

The Non-Designer's Type Book

Web Design para não designers (com John Tollett)

Robin Williams Design Workshop (com John Tollett)

A Blip in the Continuum (celebrando a tipografia ruim, com ilustrações de John Tollett)

E vários livros sobre Macs:

The Mac is not a typewriter, segunda edição

Robin William Mac OS X Book (todas versões de sistema operacional)

The Little Mac Book, edição Leopard (e outros)

Coll Mac Apps (John Tollett; eu ajudei)

E meu livro favorito (dos meus):

Sweet Swan of Avon: Did a Woman Write Shakespeare?

John desenhou o retrato acima com nanquim em Veneza, inspirado por uma exposição de retratos com nanquim de Picasso.